HUNGARIAN

Verbs &

Essentials
of Grammar

Second Edition

Miklós Törkenczy

D1596714

McGraw Hill

New York Chicago San Francisco Lisbon London Madrid Mexico City
Milan New Delhi San Juan Seoul Singapore Sydney Toronto

The *McGraw·Hill* Companies

1 2 3 4 5 6 7 8 9 10 11 12 13 14 15 16 17 18 19 20   DOC/DOC   0 9 8

ISBN 978-0-07-149802-9
MHID   0-07-149802-8

McGraw-Hill books are available at special quantity discounts to use as premiums and sales promotions or for use in corporate training programs. To contact a representative, please visit the Contact Us pages at www.mhprofessional.com.

This book is printed on acid-free paper.

Preface

Hungarian Verbs and Essentials of Grammar is a practical handbook and guide to the principal grammatical concepts, forms and constructions of the Hungarian language. Because of its easy-to-use design and comprehensive coverage of Hungarian grammar, it is suitable for students at any level of proficiency. This book can be used as a basis for group work, individual study, or simply as a classroom or personal reference.

The book is divided into two parts. Part One focuses on the mastery of verbs, their formation and uses. Primary emphasis is given to a unique feature of Hungarian verbs, the definite and indefinite conjugations. A chapter is devoted to irregular verbs. The chapter on pronunciation at the beginning of Part I is a good introduction for beginners to the sounds of the language and includes a description of vowel harmony and the most important assimiliations.

Part Two covers other essential points of Hungarian grammar, such as articles, nouns, postpositions, adjectives, adverbs, pronouns, and much more. Special attention is given to nouns and cases. There is a separate chapter devoted to constructions, word order, and the use of *van* "be". The last two chapters of Part Two present an extensive list of Hungarian vocabulary items and idioms, organized according to everyday activities and objects.

Hungarian Verbs and Essentials of Grammar is an effective tool for language learners at any level. This comprehensive reference book can help pave the way to mastery of the Hungarian language.

Contents

Part One: Hungarian Verbs

Part Two: Essentials of Grammar

Part One:
Hungarian Verbs

1. Pronunciation

The Alphabet

The Hungarian alphabet contains 44 letters. They are listed below together with the Hungarian pronunciation of their names in the International Phonetic Alphabet.

a	[ɔ:]	í	[i:]	s	[ɛʃ:]
á	[a:]	j	[je:]	sz	[ɛs:]
b	[be:]	k	[ka:]	t	[te:]
c	[tse:]	l	[ɛl:]	ty	[ce:]
cs	[tʃe:]	ly	[ɛl(:)ipsilon]	u	[u:]
d	[de:]	m	[ɛm:]	ú	[u:]
dz	[dze:]	n	[ɛn:]	ü	[y:]
dzs	[dʒe:]	ny	[ɛɲ:]	ű	[y:]
e	[ɛ:]	o	[o:]	v	[ve:]
é	[e:]	ó	[o:]	w	[duplɔve:]
f	[ɛf:]	ö	[ø:]	x	[iks]
g	[ge:]	ő	[ø:]	y	[ipsilon]
gy	[ɟe:]	p	[pe:]	z	[ze:]
h	[ha:]	q	[ku:]	zs	[ʒe:]
i	[i:]	r	[ɛr:]		

The consonant letters *q, w, x, y* are not "native" in the sense that they only appear in foreign or archaic words such as *Wesselényi* [vɛʃɛ:leɲi] (archaic family name), *xerox* [ksɛroks], *yoghurt* [jokhurt], etc. Apart from them, every consonant letter can be doubled to denote phonetically long consonants, e.g., *olló* [ol:o] "scissors," *roppan* [rop:ɔn], "crack," etc. In the case of digraphs, only the first letter is doubled to express length, e.g., *rúzzsal* [ru:ʒ:ɔl] "with lipstick," *meggy* [mɛɟ:] " sour cherry," *mennyi* [mɛɲ: i] "how much," etc.

Note that in pronunciation, the names of vowel letters are long even if they denote short vowel sounds. Thus, the last vowel letter in *hosszú ű* "long ű" and *rövid ü* "short ü" are spelled differently but are both pronounced with a phonetically long [y:] (unless one wants to emphasize the difference). Note also that the names of consonant letters that consist of a single syllable are always pronounced with a final long consonant: [ɛr:], [ɛl:], etc.

Vowels

Hungarian has the following vowels:

Sound	Letter	Example	
[i]	i	*hisz*	like English *i* in *bit*
[i:]	í	*tíz*	like English *ee* in *bee*
[y]	ü	*üt*	like German *ü* in *Tüte*
[y:]	ű	*tűz*	like [y], only longer
[ɛ]	e	*nem*	like English *e* in *bet*
[e:]	é	*kefél*	like English *a* in *bay*
[ø]	ö	*öt*	like German *ö* in *Höhle*
[ø:]	ő	*hős*	like [ø], only longer
[u]	u	*borul*	like English *u* in *put*
[u:]	ú	*súly*	like English *oo* in *boot*
[o]	o	*gyalog*	like English *o* in *toy*
[o:]	ó	*szól*	like [o], only longer
[ɔ]	a	*nagy*	like English *o* in *hot*
[a:]	á	*nyál*	like English *a* in *ah*

In Hungarian, vowel letters have constant phonetic values: it is generally true that a given vowel letter always corresponds to the same vowel sound. Exceptions are proper names with archaic spelling, e.g., *Dessewffy* [dɛʒːøːfi]. Rarely is there a length difference between the spelling and the phonetic value: *posta* [poːʃtɔ] "post office," *színház* [sinhaːz] "theater," *őrs* [ørʃ] "squad," etc.

There are no diphthongs in standard Hungarian, so adjacent vowels are pronounced as separate syllables: *kialakul* [kiɔlɔkul] "develop." Again, some archaically spelled proper names are exceptional, e.g., *Gaál* [gaːl].

Consonants

Hungarian has the following consonants:

Sound	Letter	Example	
[p]	p	*pék*	like English *p* in *spin*
[b]	b	*bakó*	like English *b* in *baby*
[t]	t	*pata*	like English *t* in *steam*
[d]	d	*ad*	like English *d* in *dog*

[c]	ty	*latyak*	like British English *t* in *tube*
[ɟ]	gy	*megy*	like British English *d* in *duke*
[k]	k	*lakat*	like English *k* in *skip*
[g]	g	*gép*	like English *g* in *go*
[f]	f	*kefe*	like English *f* in *feel*
[v]	v	*teve*	like English *v* in *vivid*
[s]	sz	*szép*	like English *s* in *see*
[z]	z	*ez*	like English *z* in *lazy*
[ʃ]	s	*has*	like English *sh* in *she*
[ʒ]	zs	*zsák*	like English *s* in *pleasure*
[ts]	c	*lecke*	like English *ts* in *cats*
[dz]	dz	*dzéta*	like English *ds* in *lids*
[tʃ]	cs	*csók*	like English *ch* in *cheese*
[dʒ]	dzs	*dzsessz*	like English *j* in *jazz*
[m]	m	*láma*	like English *m* in *mat*
[n]	n	*nem*	like English *n* in *not*
[ɲ]	ny	*enyeleg*	like Spanish *ñ* in *señor*
[l]	l	*hal*	like English *l* in *light*
[r]	r	*répa*	trilled like Spanish *r* in *perro*
[j]	j, ly	*jó, oly*	like English *y* in *yellow*
[h]	h	*ha*	like English *h* in *hat*

Each of the above consonant sounds can be long as well, e.g., [n:] *fenn* "up," [ts:] *hecc* "prank," [l:] *hall* "hear," etc.

The letter-to-sound correspondence of consonants is almost always constant: a given sound is usually spelled with the same letter (combination) and a given letter (combination) usually stands for the same sound. Exceptions are some archaically spelled proper names (*Kossuth* [koʃut]) and the sound [j] which is sometimes spelled as *j* (*hajó* "ship") and sometimes as *ly* (*folyó* "river"). Assimilations that are not indicated by the spelling are systematic exceptions to the above rule. The major ones are the following:

Voice assimilation

The voiced obstruents (b, d, gy, g, dz, dzs, v, z, zs) change to their voiceless counterparts (p, t, ty, k, c, cs, f, sz, s) respectively when followed by voiceless obstruents (p, t, ty, k, c, cs, f, sz, s, h): e.g., *adhat* [ɔthɔt] "can give," *ágytól* [a:cto:l] "from (the) bed," etc. The voiceless obstruents (p, t, ty, k, c, cs, f, sz, s) change to their voiced counterparts (b, d, gy, g, dz, dzs, v, z, zs) respectively when followed by voiced obstruents (b, d, gy, g, dz, dzs, z, zs): e.g., *zsákból* [ʒa:gbo:l] "out of (the) bag," *ketrecben* [kɛtrɛdzbɛn] "in (the) cage," etc.

Shortening of long consonants

Long consonants become short when preceded or followed by another con-
sonant: e.g., *akttal* [ɔktɔl] "with a nude," *varrtam* [vartam] "I sewed," *otthon*
[othon] "home," etc.

Sz, s assimilation

When the stops *t, d, ty, gy* are followed by sz, the combination is
pronounced as the geminate affricate [tsː]: e.g., *metszet* [mɛtsːɛt] "etching,"
ötödször [øtøtsːør] "for the fifth time," *négyszer* [neːtsːɛr] "four times," etc.
When the stops (t, d, ty, gy) are followed by s, the combination is pronounced
as the geminate affricate [tʃː]: e.g., *egység* [ɛtʃːeːg] "unit," *kétség* [keːtʃːeːg]
"doubt," *fáradság*, [faːrɔtʃːaːg] "trouble,"etc.

J assimilation

t, d, ty, gy, n, ny, l are pronounced as long [cː, ɟː, cː, ɟː, ɲː, ɲː, jː],
respectively, when followed by [j] e.g., *bátyja* [baːcːɔ] "his/her elder brother,"
adja [ɔɟːɔ] "s/he gives," *tolja* [tojːɔ] "s/he pushes," etc.

Vowel Harmony

In Hungarian, most endings harmonize with the word they are attached to,
which means that most endings have two or three alternative forms differing
only in the vowel. The selection of the correct form of the ending is deter-
mined by the vowel(s) of the word stem. Here are the basic facts. Vowels are
either front (*i, í, ü, ű, e, é, ö, ő*) or back (*u, ú, o, ó, a, á*). Front vowels are
either rounded (*ü, ű, ö, ő*) or unrounded (*i, í, e, é*). Suffixes may be

1. **Non-harmonic**
   Nonharmonic suffixes have just one form. This form does not change
   regardless of what the stem vowel is: e.g., *-ig* "until," *-ként* "as," *-kor*
   "at," *-né* "would," etc.

2. **Harmonic two-form**
   These suffixes have two alternative forms, one with one of the front
   vowels and another containing one of the back vowels: e.g., *-ban~-ben*
   "in," *-tól~től* "from," *-ul~-ül* "in (a language)", etc.

3. Harmonic three-form

These suffixes have three alternative forms, one with the back vowel *o*, another with the front unrounded vowel *e*, and a third with the front rounded vowel *ö*: e.g., *-hoz~-hez~-höz* "to," *-on~-en~-ön* "on," etc.

Back vowel words, i.e., words that contain only back vowels, take the back alternants of the two-form and three-form suffixes:

házban   in a house   **házhoz**   to a house

Front vowel words, i.e., words that contain only front vowels take the front alternants of the two-form and three-form suffixes:

kertben   in a garden   **kerthez**   to a garden

Mixed vowel words, i.e., words that contain both back vowels and front vowels, take the back alternants of the two-form and three-form suffixes:

tányérban in a plate   **tányérhoz** to a plate
virágban   in a flower   **virághoz**   to a flower

Words with rounded front vowels in the final syllable (*ü, ű, ö, ő*) take the rounded front (*ö*) alternant of the three form suffixes:

körhöz   to a circle   **körön**   on a circle
fülhöz   to an ear   **fülön**   on an ear

There are a small number of exceptional front vowel stems (all except two with i/í) that take the back alternants of the two-form and three form suffixes:

hídnál   at a bridge   **hídon**   on a bridge

Some of these words are:

cél	aim	**célom**	my aim
csík	stripe	**csíkos**	striped
díj	award	**díjaz**	to award
gyík	lizard	**gyíkom**	my lizard
héj	crust	**héjam**	my crust
híd	bridge	**hidak**	bridges
hív	call	**hívom**	I call
hízik	get fat	**hízom**	I get fat
indít	start	**indítom**	I start
ír	write	**írom**	I write
iszik	drink	**iszom**	I drink
nyíl	arrow	**nyilam**	my arrow

nyit	open	nyitom	I open
sír	cry	sírok	I cry
sír	grave	sírom	my grave
szid	scold	szidom	I scold
szív	inhale	szívom	I inhale
visít	scream	visítom	I scream
zsír	grease	zsíros	greasy

Stress

Stress always falls on the first syllable of the word in Hungarian, even in borrowed or foreign words:

kompjúter   ['kompju:tɛr] "computer"
Kalifornia   ['kɔliforniɔ] "California"

Punctuation Marks

, vessző
. pont
: kettőspont
; pontosvessző
? kérdőjel
! felkiáltójel
( ) zárójel
„ " idézőjel
- elválasztójel
— gondolatjel

2. Definite and Indefinite Conjugations

The Structure of the Verb

A conjugated verb in Hungarian consists of the stem plus two inflectional suffix positions. The first of these suffix positions is that of TENSE/MOOD and the second one is that of PERSON/NUMBER. Thus, schematically the structure of a conjugated verb is:

Stem + TENSE/MOOD + PERSON/NUMBER

Examples: **vár+t+ak**   vártak   they waited
           vár+né+k   várnék   I would wait
           vár+j+unk   várjunk   let's wait!

Since both TENSE/MOOD and PERSON/NUMBER may be expressed by a zero suffix either (or both) of these suffix slots may remain empty:

Examples: **vár+t+Ø**   várt   he waited
           vár+Ø+ok   várok   I wait
           vár+Ø+Ø   vár   he/she/it waits

(The plus signs are only used to indicate suffix boundaries and do not appear in spelling.)

Note that the last form (present 3rd person singular indefinite = the bare verb stem) is the "dictionary form" for verbs.

The TENSE/MOOD slot indicates the present and past tenses, as well as the conditional and conjunctive-imperative moods. The lack of future is due to the fact that future time is not expressed by a separate suffix, but the present and other complex constructions are used to express it (see Chapter 11).

In addition to the usual person and number distinctions, the PERSON/NUMBER slot expresses a distinction between the definiteness and the indefiniteness of the object.

Definite and Indefinite Conjugations

In Hungarian, different verb forms are used depending on whether the verb has an object or not and whether the object of the verb is definite or indefinite. This distinction does not exist in English: compare the following sentences and their English translations.

Látok egy madarat.	I see a bird. (indefinite)
Látom a madarat.	I see the bird. (definite)

The definite vs. indefinite contrast is present no matter what TENSE/ MOOD suffix the PERSON/NUMBER suffix combines with; i.e., it exists in the present, the past, the conditional, and the conjunctive-imperative.

Rajzol *egy* házat.	He draws *a* house.
Rajzol*ja a* házat.	He draws *the* house.
Hallgat*ott egy* operát.	She listened to *an* opera.
Hallgat*ta az* operát.	She listened to *the* opera.
Ha látnék egy madarat, örülnék.	If I could see a bird, I'd be glad.
Ha látnám a madarat, örülnék.	If I could see the bird, I'd be glad.
Hoz*z egy* széket!	Bring *a* chair!
Hoz*d a* széket!	Bring *the* chair!

Thus, a verb has two conjugations (i.e., the PERSON/NUMBER suffixes fall into two classes): indefinite and definite. The general rule is the following:

An indefinite verb form is used if the verb is intransitive (*futok* "I am running") or if it has an indefinite object; and a definite verb form is used if the verb has a definite object.

The details are somewhat more complex:

1ST PERSON OBJECTS

1st person objects count as indefinite and thus require an indefinite verb form:

Ők látnak engem.	They see me.
Ők látnak minket.	They see us.

Note, however, that reflexive pronouns count as definite even in the first person:

Én látom magam.   I see myself.

2ND PERSON OBJECTS

2nd person objects count as indefinite and thus require an indefinite verb form:

Ők látnak téged.   They see you. (sing.)
Ők látnak titeket.   They see you. (pl.)

Note that a special *-lak/-lek/-alak/-elek* suffix is used instead of the normal indefinite suffix in the 1st person singular if there is a 2nd person object.

3RD PERSON OBJECTS

3rd person objects may be indefinite or definite and thus may stand with an indefinite or a definite verb form.

A 3rd person object is definite if

1. it has a definite article and/or POSSESSIVE/PERSON suffix

Látom a madarat.   I see the bird.
Látom a madaramat.   I see my bird.

2. it is a proper noun

Látom Júliát.   I see Julia.

3. it is an expressed or unexpressed 3rd person personal pronoun

Látom őt.   I see her/him.
Látom.   I see her/him.

4. it is a reflexive pronoun, a reciprocal pronoun, or demonstrative *azt, ezt*

Látják egymást.   They see each other.
Azt látom.   I see that.

5. it is a question word of the "ik" group (*melyik, melyiket* "which one" *hányadik, hányadikat* "which one" in a sequence)

Melyik kutyát látom?   Which dog do I see?
Melyiket látom?   Which one do I see?

6. it is expressed by a clause

Látom, hogy ott áll.	I see that he/she/it is standing there.
Látom, ha bejön.	I'll see if he/she/it comes in.

Otherwise, a 3rd person object is indefinite. These specifically include cases where the object

1. has an indefinite article

Látok egy madarat.	I see a bird.

2. has no article but it is not a proper noun and has no POSSESSIVE/PER-SON suffix

Embereket látok.	I see people.

3. is a question word which does not belong to the "ik" group described above, e.g., *kit* "who," *mit* "what," *hány, hányat* "how many," *milyen, milyent* "what sort"

Hány kutyát látsz?	How many dogs do you see?
Mit látsz?	What do you see?

In addition, the indefinite conjugation of the verb is used in verb + infinitive constructions when the infinitive does not have a definite object. Such constructions include: *akar* + infinitive "want to," *szeret* + infinitive "like/love to," *utál* + infinitive "hate to," etc.

Compare the indefinite forms in

Nem akarok enni.	I don't want to eat.
Nem akarok almát enni.	I don't want to eat an apple.

with the definite form of *akar* in

Nem akarom megenni az almát.	I don't want to eat the apple.

3. The Present Tense

The definite and indefinite conjugations can be best seen in the present because the present tense is unmarked (i.e., it is expressed by a zero suffix in the first slot; see the section of the structure of the verb in Chapter 2).

Present Indefinite

The present tense suffixes in the indefinite are the following:

PRESENT INDEFINITE

	Singular	Plural
1st	-ok/-ek/-ök	-unk/-ünk
2nd	-sz/-asz/-esz	-tok/-tek/-tök/-otok/ -etek/-ötök
	-ol/-el/-öl	
3rd	–	-nak/-nek/-anak/-enek

These suffixes are harmonizing two- or three-form suffixes, where the choice of the appropriate variant is determined by vowel harmony:

		ad give	fej milk	öl kill	hoz bring	vés chisel	főz cook
Sg	1st	adok	fejek	ölök	hozok	vések	főzök
	2nd	adsz	fejsz	ölsz	hozol	vésel	főzöl
	3rd	ad	fej	öl	hoz	vés	főz
Pl	1st	adunk	fejünk	ölünk	hozunk	vésünk	főzünk
	2nd	adtok	fejtek	öltök	hoztok	véstek	főztök
	3rd	adnak	fejnek	ölnek	hoznak	vésnek	főznek

As can be seen above, some of the variation in the present indefinite suffixes is not due to vowel harmony. In the 2nd person singular, the usual -sz suffix is replaced by the harmonizing three-form suffix *-ol/-el/-öl* if the stem ends in a sibilant *sz, z, s, zs*. Compare *adsz, fejsz, ölsz* with *hozol, vésel, főzöl*.

There is some additional variation that the table above does not show. The 2nd person singular *-sz*, the 2nd person plural suffix *-tok/-tek/-tök* and the 3rd person plural suffix *-nak/-nek* have vowel initial variants as well (*-asz/-esz, -otok/-etek/-ötök* and *-anak/-enek* respectively). These variants appear if the stem ends in two consonants or in *-ít*:

		sg 2nd	pl 2nd	pl 3rd
old	untie	**oldasz**	**oldotok**	**oldanak**
fest	paint	**festesz**	**festetek**	**festenek**
küzd	fight	**küzdesz**	**küzdötök**	**küzdenek**
segít	help	**segítesz**	**segítetek**	**segítenek**

Some verbs that end in consonant clusters are exceptions because they do not take the suffix-initial vowel (e.g., *varr* "sew;" *varrsz, varrtok, varrnak*). All *-ll* final verb stems except *hall* "hear," *hull* "fall," *kell* "have to, need" and *vall* "confess" belong to this group of exceptions that do not take the suffix-initial vowel.

Present Definite

The present tense suffixes in the definite conjugation are the following. The symbol □ means that the preceding consonant has to be doubled, i.e., the stem-final consonant geminates before the suffix vowel:

PRESENT DEFINITE

	Singular	Plural
1st	**-om-/em/-öm**	**-juk/-jük** **-□uk/-□ük**
2nd	**-od/-ed/-öd**	**-játok/-itek** **-□átok**
3rd	**-ja/-i** **-□a**	**-ják/-ik** **-□ák**

These suffixes are harmonizing two- or three-form suffixes, where the choice of the appropriate variant is determined by vowel harmony (note that sometimes the variants are very different, e.g., the front variant *-i* vs. the back variant *-ja* in the 3rd person singular):

	ad	fej	öl	hoz	vés	főz
	give	milk	kill	bring	chisel	cook
Sg 1st	adom	fejem	ölöm	hozom	vésem	főzöm
2nd	adod	fejed	ölöd	hozod	vésed	főzöd
3rd	adja	feji	öli	hozza	vési	főzi
Pl 1st	adjuk	fejjük	öljük	hozzuk	véssük	főzzük
2nd	adjátok	fejitek	ölitek	hozzátok	vésitek	főzitek
3rd	adják	fejik	ölik	hozzák	vésik	főzik

As can be seen in the table above, some variation in the suffixes is not due to vowel harmony. Specifically, the 3rd person singular and all plural definite suffixes have variants that cause gemination of the stem-final consonant if the consonant is one of the sibilants *sz, z, s, zs* (in the table showing the definite suffixes we have indicated these variants with the symbol). Note that in the 1st person plural, the gemination of the stem-final sibilant happens both in back and front stems (e.g., *hozzuk, véssük, főzzük*). In contrast, in the 3rd person singular and the plural 2nd and 3rd persons, the geminating variant only combines with back sibilant-final stems: compare *hozza* vs. *vési, főzi* (sing. 3rd); *hozzátok* vs. *vésitek, főzitek* (pl. 2nd); *hozzák* vs. *vésik, főzik* (pl. 3rd).

The *-lak/-lek/-alak/-elek* Suffix

If the subject of the verb is 1st person singular and the object is 2nd person singular or plural, a special *-lak/-lek/-alak/-elek* suffix is used instead of the regular indefinite conjugation (recall that 2nd person objects count as indefinite otherwise). Compare:

Én látlak téged.   vs.   **Ő lát téged.**
I see you.   He/she sees you.

Én nézlek téged.   vs.   **Ő néz téged.**
I watch you.   He/she watches you.

The *-alak/-elek* variant of the suffix is used after stems that end in two consonants or in *-it*:

választ	choose	**választalak**
fest	paint	**festelek**
küld	send	**küldelek**

Again, some verbs that end in consonant clusters are exceptions because they do not take the suffix-initial vowel (e.g., *varr* "sew;" *varrlak)* All *-ll* final verb stems except *hall* "hear," *hull* "fall," *kell* "have to, need" and *vall* "confess" belong to this group of exceptions.

For the use of the present tense, see Chapter 11.

4. The Past Tense

The Past Tense Suffix

The past tense suffix follows the stem and precedes the definite or indefinite PERSON/NUMBER suffix. It has the following variants:

-ott/-ett/-ött
-t

The choice of the suffix-initial vowel depends on vowel harmony:

hozott	**vésett**	**főzött**
she/he/it brought	she/he/it chiselled	she/he/it cooked

The factors that determine the choice between a vowel-initial variant (*-ott/-ett/-ött*) vs. the vowelless variant (*-t*) are more complex. The decision depends on what kinds of sounds precede and follow the past suffix.

THE *-ott-/ett/-ött* VARIANT occurs when nothing follows the past suffix (i.e., in word-final position). This happens in the 3rd person singular indefinite, which is unmarked.

	ad	**rak**	**véd**	**néz**	**fűt**
	give	put	defend	watch	heat
indefinite Sg 3rd	**adott**	**rakott**	**védett**	**nézett**	**fűtött**

However, even in word-final position, the vowelless variant occurs:

1. if the stem ends in one of these single consonants: *n, ny, l, r* or *j*.

	kíván	**hány**	**öl**	**sír**	**fúj**
	desire	throw	kill	cry	blow
indefinite Sg 3rd	**kívánt**	**hányt**	**ölt**	**sírt**	**fújt**

2. if the stem ends in the consonant clusters *ll* or *rr*

	áll	szökell	varr	forr
	stand	jump	sew	boil
indefinite Sg 3rd	állt	szökellt	varrt	forrt

Note that the verbs *hall* "hear," *hull* "fall," *kell* "have to, need" and *vall* "confess" are exceptional because they take the variant *-ott/-ett/-ött* in the 3rd person singular indefinite:

hallott	hullott	kellett	vallott

3. if the stem belongs to a special class of *-ad/-ed* final verbs

	szalad	marad	rohad	mered	reped
	run	remain	rot	stand out	burst
indefinite Sg 3rd	szaladt	maradt	rohadt	meredt	repedt

Note that *ad* "give," *enged* "allow," *fed* "cover," *fogad* "receive," *megragad* "seize," *tagad* "deny," *vigad* "have fun," *feled* "forget," *senyved* "suffer," *szed* "pick," *szenved* "suffer," *téved* "get something wrong" DO NOT belong to this class. They take variant *-ott/-ett/-ött* in the 3rd person singular indefinite:

adott	fogadott	szenvedett	tévedett

The rest of the verb stems ending in *-ad/-ed* may be safely assumed to belong to the special *-ad/-ed* final class.

THE VOWELLESS *-t* VARIANT occurs (apart from the cases described above) when the past suffix is preceded by a stem that ends in a single consonant and is followed by a vowel-initial PERSON/NUMBER suffix (all the PERSON/NUMBER suffixes are vowel initial except the 3rd person singular indefinite discussed above):

	ad	fej	öl	hoz	vés	főz
	give	milk	kill	bring	chisel	cook
definite Sg 1st	adtam	fejtem	öltem	hoztam	véstem	főztem

If the past suffix is followed by a vowel-initial PERSON/NUMBER suffix, but the stem preceding the past suffix ends in a consonant cluster, then usually the *-ott/-ett/-ött* variant is used:

	hajt	sért	dönt	vonz
	drive	hurt	decide	attract
definite Sg 1st	hajtottam	sértettem	döntöttem	vonzottam

However, some cluster final stems (notably where the cluster ends in *d*) take the *-t* variant of the past suffix before vowel-initial PERSON/NUMBER endings:

	mond	hord	küld
	say	carry	send
definite Sg 1st	mondtam	hordtam	küldtem

In some of these cases both variants of the past suffix are possible:

	áld
	bless
definite Sg 1st	áldtam	áldottam

Past Tense Indefinite

The past tense indefinite suffixes are the following (in the chart below "PAST" refers to the appropriate variant of the past tense suffix):

PAST INDEFINITE

	Singular	Plural
1st	PAST + -am/-em	PAST + -unk/-ünk
2nd	PAST + -ál/-él	PAST + -atok/-etek
3rd	PAST +	PAST + -ak/-ek

The selection of the appropriate variant of the past suffix has been discussed in the previous section. The NUMBER/PERSON suffixes are harmonizing two-form suffixes, where the choice of the appropriate variant is determined by vowel harmony:

	ad	fej	öl
	give	milk	kill
Sg 1st	adtam	fejtem	öltem
2nd	adtál	fejtél	öltél
3rd	adott	fejt	ölt

Pl 1st	adtunk	fejtünk	öltünk
2nd	adtatok	fejtetek	öltetek
3rd	adtak	fejtek	öltek

| | hoz | vés | főz |
| | bring | chisel | cook |

Sg 1st	hoztam	véstem	főztem
2nd	hoztál	véstél	főztél
3rd	hozott	vésett	főzött

Pl 1st	hoztunk	véstünk	főztünk
2nd	hoztatok	véstetek	főztetek
3rd	hoztak	véstek	főztek

Past Tense Definite

The past tense definite suffixes are the following (in the table below "PAST" refers to the appropriate variant of the past tense suffix):

PAST INDEFINITE

	Singular	Plural
1st	PAST + -am/-em	PAST + -uk/-ük
2nd	PAST + -ad/-ed	PAST + -átok/-étek
3rd	PAST + -a/-e	PAST + -ák/-ék

The selection of the appropriate variant of the past suffix has been discussed in the section on the past suffix. The NUMBER/PERSON suffixes are harmonizing two-form suffixes where the choice of the appropriate variant is determined by vowel harmony. Note that the 1st person singular suffix is the same in the past tense definite and indefinite conjugations.

| | ad | fej | öl |
| | give | milk | kill |

Sg 1st	adtam	fejtem	öltem
2nd	adtad	fejted	ölted
3rd	adta	fejte	ölte

Pl 1st	adtuk	fejtük	öltük
2nd	adtátok	fejtétek	öltétek
3rd	adták	fejték	ölték

	hoz	vés	főz
	bring	chisel	cook
Sg 1st	hoztam	véstem	főztem
2nd	hoztad	vésted	főzted
3rd	hozta	véste	főzte
Pl 1st	hoztuk	véstük	főztük
2nd	hoztátok	véstétek	főztétek
3rd	hozták	vésték	főzték

The -alak/-elek Suffix

Similarly to the present tense, if the subject of the verb is 1st person singular and the object is 2nd person singular or plural, a special suffix is used. In the past, the suffix is PAST + *-alak/-elek* (where PAST refers to the appropriate form of the past suffix). The choice of the appropriate *-alak/-elek* variant is determined by vowel harmony:

	ad	fej	öl	hoz	vés	főz
	give	milk	kill	bring	chisel	cook
Sg 1st	adtalak	fejtelek	öltelek	hoztalak	véstelek	főztelek

For the use of the past tense, see Chapter 11.

5. The Conditional: Present and Past

The Conditional Suffix

The conditional suffix follows the stem and precedes the definite or indefinite PERSON/NUMBER suffixes. It has the following variants:

-n
-an/-en

The choice between the back vowel and the front vowel variants *-an/-en* of the vowel-initial form of the conditional suffix is determined by vowel harmony:

	mond	**sért**	**küld**
	say	offend	send
indefinite Sg 3rd	**mondana**	**sértene**	**küldene**

The choice between the vowel-initial *-an/-en* variant vs. the vowelless *-n* variant of the conditional suffix depends on the stem. The vowel-initial variant occurs if

1. the stem ends in two consonants except *-rr, -ll*

	tart	**ránt**	**vonz**
	hold	pull	attract
indefinite Sg 3st	**tartana**	**rántana**	**vonzana**

Note that *hall* "hear," *kell* "have to, need," *vall* "confess," and *hull* "fall" are exceptions because they end in *-ll* but they take the vowel-initial *-an/-en* variant of the conditional suffix:

	hall	**kell**	**vall**	**hull**
indefinite Sg 3rd	**hallana**	**kellene**	**vallana**	**hullana**

(Compare *állna* "she/he/it would stand.")

Note also that epenthetic stems do not count as cluster-final and thus take the *-n* variant: e.g., *morogna* "she/he/it would growl" (see the section on verb stems in Chapter 9).

2. the stem ends in a long vowel plus a *t*

	tanít	**vetít**
	teach	project something on a screen
definite Sg 2nd	**tanítanád**	**vetítenéd**

Note the stems *lát* "see" and *lót(-fut)* "run a lot, never stop," which are exceptions because they end in a long vowel + *t* but take the *-n* variant of the conditional suffix:

	lát	**lót-fut**
indefinite Sg 2nd	**látnál**	**lótnál-futnál**

In contrast, the stems *bocsát* "forgive," *fűt* "heat," *hűt* "cool," *műt* "operate," *szít* "stir up," *tát* "open wide," *vét* "err" are regular in that they all take the *-an-/en* variant. Compare *bocsátanál, fűtenél, hűtenél, műtenél, szítanál, tátanál, vétenél.*

Present Conditional, Indefinite

The present conditional indefinite suffixes are the following (in the chart below "COND" refers to the appropriate variant of the conditional suffix).

CONDITIONAL INDEFINITE (PRESENT)

	Singular	Plural
1st	**COND + -ék**	**COND + -ánk/-énk**
2nd	**COND + -ál-/él**	**COND + -átok/-étek**
3rd	**COND + -a/-e**	**COND + -ának/-ének**

The selection of the appropriate variant of the conditional suffix has been discussed in the previous section. Most of the NUMBER/PERSON suffixes are harmonizing two-form suffixes, where the choice of the appropriate variant is determined by vowel harmony. Note, however, that the 1st person singular suffix *-ék* does not harmonize and thus is the same after back and front stems.

		ad give	fej milk	öl kill	hoz bring	vés chisel	főz cook
Sg	1st	adnék	fejnék	ölnék	hoznék	vésnék	főznék
	2nd	adnál	fejnél	ölnél	hoznál	vésnél	főznél
	3rd	adna	fejne	ölne	hozna	vésne	főzne
Pl	1st	adnánk	fejnénk	ölnénk	hoznánk	vésnénk	főznénk
	2nd	adnátok	fejnétek	ölnétek	hoznátok	vésnétek	főznétek
	3rd	adnának	fejnének	ölnének	hoznának	vésnének	főznének

Present Conditional, Definite

The conditional definite suffixes are the following (in the chart below "COND" refers to the appropriate variant of the conditional suffix).

CONDITIONAL DEFINITE (PRESENT)

	Singular	Plural
1st	COND + -ám/-ém	COND + -ánk/-énk
2nd	COND + -ád/-éd	COND + -átok/-étek
3rd	COND + -á/-é	COND + -ák/-ék

The selection of the appropriate variant of the conditional suffix has been discussed in the previous section. The NUMBER/PERSON suffixes are harmonizing two-form suffixes, where the choice of the appropriate variant is determined by vowel harmony. Note that the plural 1st and 2nd person suffixes are identical in the definite and the indefinite conditional conjugations.

		ad give	fej milk	öl kill	hoz bring	vés chisel	főz cook
Sg	1st	adnám	fejném	ölném	hoznám	vésném	főzném
	2nd	adnád	fejnéd	ölnéd	hoznád	vésnéd	főznéd
	3rd	adná	fejné	ölné	hozná	vésné	főzné
Pl	1st	adnánk	fejnénk	ölnénk	hoznánk	vésnénk	főznénk
	2nd	adnátok	fejnétek	ölnétek	hoznátok	vésnétek	főznétek
	3rd	adnák	fejnék	ölnék	hoznák	vésnék	főznék

Note that sometimes the 3rd person plural definite conditional form is identical with the 1st person singular indefinite conditional form. In standard Hungarian, this can only happen if the stem is a front stem: *ölnék* = "I would kill" AND "they would kill". If the stem is back, the two forms are always distinct: *adnék* = "I would give" BUT *adnák* "they would give".

The -álak/-élek Suffix

Similarly to the present tense and the past tense, if the subject of the verb is 1st person singular and the object is 2nd person singular or plural, a special suffix is used. In the conditional, the suffix is *COND +-álak/-élek* (where COND refers to the appropriate form of the conditional suffix). The choice of the appropriate *-álak/-élek* variant is determined by vowel harmony:

	ad	**fej**	**öl**	**hoz**	**vés**	**főz**
	give	milk	kill	bring	chisel	cook
Sg 1st	**adnálak**	**fejnélek**	**ölnélek**	**hoználak**	**vésnélek**	**főznélek**

Past Conditional

The past conditional is not expressed by a suffix, but by a construction that consists of a past tense verb form plus the word *volna*. Schematically:

verb(PAST) + volna

The difference between definiteness and indefiniteness is expressed by the main verb in past tense: if it is definite, the whole construction is definite and if it is indefinite, the whole construction is indefinite:

ha láttál volna egy repülőt...	if you had seen a plane...
ha láttad volna a repülőt...	if you had seen the plane...
Elhitte volna a hazugságot.	He would have believed the lie.
Elhitt volna minden hazugságot.	He would have believed all lies.

For the usage of the conditional, see Chapter 11.

6. The Conjunctive-Imperative

Conjunctive-Imperative Mood, Indefinite

The conjunctive-imperative suffixes in the indefinite conjugation are the following (the symbol □ means that the preceding consonant has to be doubled, i.e., the stem-final consonant geminates):

CONJUNCTIVE-IMPERATIVE MOOD, INDEFINITE

	Singular	Plural
1st	-jak/-jek	-junk/-jünk
	-□ak/-□ek	-□unk/-□ünk
2nd	-jál/-jél	-jatok/-jetek
	-□ál/-□él	-□atok/-□etek
3rd	-jon/-jen/-jön	-janak/-jenek
	-□on/-□en/-□ön	-□anak/-□enek

These suffixes are harmonizing two- or three-form suffixes, where the choice of the appropriate variant is determined by vowel harmony:

	ad	fej	öl	hoz	vés	főz
	give	milk	kill	bring	chisel	cook
Sg 1st	adjak	fejjek	öljek	hozzak	véssek	főzzek
2nd	adjál	fejjél	öljél	hozzál	véssél	főzzél
3rd	adjon	fejjen	öljön	hozzon	véssen	főzzön
Pl 1st	adjunk	fejjünk	öljünk	hozzunk	véssünk	főzzünk
2nd	adjatok	fejjetek	öljetek	hozzatok	véssetek	főzzetek
3rd	adjanak	fejjenek	öljenek	hozzanak	véssenek	főzzenek

As can be seen in the table above, some variation in the suffixes is not due to vowel harmony. Specifically, all the indefinite suffixes have variants that cause gemination of the stem-final consonant if the consonant is one of the sibilants *sz, z, s, zs* (in the table showing the indefinite suffixes, these variants are indicated with the special initial □ symbol). Note that the *j*-initial variants may cause assimilation, which is not indicated in the spelling. For the pronunciation of the consonant plus -*j* sequences, see the section on *j*-assimilation in Chapter 1).

SHORT FORMS

The second person singular suffix -*jál*/-*jél*/-□*ál*/-□*él* has an optional alternative. This alternative is -*j* after stems ending in non-sibilant consonants, and -□ after stems ending in the sibilants *sz, z, s, zs* (in other words, the final sibilant consonant of sibilant-final stems becomes long). Thus the second person singular forms have short form alternatives. Compare:

Long Forms

	ad	fej	öl	hoz	vés	főz
	give	milk	kill	bring	chisel	cook
Sg 2nd	adjál	fejjél	öljél	hozzál	véssél	főzzél

Short Forms

	ad	fej	öl	hoz	vés	főz
Sg 2nd	adj	fejj	ölj	hozz	véss	főzz

There is no difference in meaning or usage between the long and short forms. Only the 2nd person singular forms have short alternatives.

Conjunctive-Imperative Mood, Definite

The conjunctive-imperative suffixes are the following in the definite conjugation (the symbol □ means that the preceding consonant has to be doubled, i.e., the stem-final consonant geminates):

CONJUNCTIVE-IMPERATIVE MOOD, DEFINITE

	Singular	Plural
1st	-jam/-jem	-juk/-jük
	-□am/-□em	-□uk/-□ük
2nd	-jad/-jed	-játok/-jétek
	-□ad/-□ed	-□átok/-□étek
3rd	-ja/-je	-ják/-jék
	-□a/-□e	-□ák/-□ék

These suffixes are harmonizing two-form suffixes, where the choice of the appropriate variant is determined by vowel harmony:

	ad give	fej milk	öl kill	hoz bring	vés chisel	főz cook
Sg 1st	adjam	fejjem	öljem	hozzam	véssem	főzzem
2nd	adjad	fejjed	öljed	hozzad	véssed	főzzed
3rd	adja	fejje	ölje	hozza	vésse	főzze
Pl 1st	adjuk	fejjük	öljük	hozzuk	véssük	főzzük
2nd	adjátok	fejjétek	öljétek	hozzátok	véssétek	főzzétek
3rd	adják	fejjék	öljék	hozzák	véssék	főzzék

As can be seen in the table above, some variation in the suffixes is not due to vowel harmony. All the definite suffixes have variants that cause gemination of the stem final consonant if the consonant is one of the sibilants *sz, z, s, zs* (in the table showing the definite suffixes these variants are indicated with the special initial symbol □). Note that the *j*-initial variants may cause assimilation, which is not indicated in the spelling. (For the pronunciation of the consonant plus *-j* sequences, see the section on *j*-assimilation in Chapter 1).

SHORT FORMS

The second person singular suffix *-jad/-jed/-□ad/-□ed* also has an optional alternative: *-d*.

Long forms

	ad give	fej milk	öl kill	hoz bring	vés chisel	főz cook
Sg 2nd	adjad	fejjed	öljed	hozzad	véssed	főzzed

Short forms

	ad	fej	öl	hoz	vés	főz
Sg 2nd	add	fejd	öld	hozd	vésd	főzd

There is no difference in meaning or usage between the long and short forms. Note that only the 2nd person singular forms have short alternatives.

t-final Verbs

The conjunctive-imperative of *t*-final verbs differs from that of the other verbs both in the definite and the indefinite conjugation. Furthermore, *t*-final verbs behave in three different ways depending on the kinds of vowel-consonant clusters or consonant-consonant clusters they end in.

1. Some *t*-final verbs take the □-initial conjunctive-imperative (definite or indefinite) endings. These are verbs ending in a short vowel + *t* and the verbs *lát* "see," *lót(-fut)* "run a lot, never stop," *bocsát* "forgive". However, here the endings do not cause the gemination of the stem final consonant *t*, but the geminate *ss* [ʃʃ] appears instead and the stem-final *t* is deleted. This change is indicated in the spelling:

CONJUNCTIVE-IMPERATIVE MOOD, INDEFINITE

	alkot	fizet	üt	lát
	create	pay	hit	see
Sg 1st	alkossak	fizessek	üssek	lássak
2nd	alkossál	fizessél	üssél	lássál
short	alkoss	fizess	üss	láss
3rd	alkosson	fizessen	üssön	lásson
Pl 1st	alkossunk	fizessünk	üssünk	lássunk
2nd	alkossatok	fizessetek	üssetek	lássatok
3rd	alkossanak	fizessenek	üssenek	lássanak

CONJUNCTIVE-IMPERATIVE MOOD, DEFINITE

	alkot	fizet	üt	lát
	create	pay	hit	see
Sg 1st	alkossam	fizessem	üssem	lássam
2nd	alkossad	fizessed	üssed	lássad
short	alkosd	fizesd	üsd	lásd
3rd	alkossa	fizesse	üsse	lássa
Pl 1st	alkossuk	fizessük	üssük	lássuk
2nd	alkossátok	fizessétek	üssétek	lássátok
3rd	alkossák	fizessék	üssék	lássák

Note that the *ss* shortens before the *d* ending in the short forms.

2. Some *t*-final verbs take an *s*-initial variant of the conjunctive-imperative (definite or indefinite) endings. These are verbs ending in a -*t* preceded by a

consonant other than *s* or *sz*, the verbs *fűt* "heat," *hűt* "cool," *műt* "operate,' *szít* "stir up," *tát* "open wide," *vét* "err" and verbs ending in the suffix -*ít*.

CONJUNCTIVE-IMPERATIVE MOOD, INDEFINITE

	Singular	Plural
1st	-sak/-sek	-sunk/-sünk
2nd	-sál/-sél	-satok/-setek
3rd	-son/-sen/-sön	-sanak/-senek

CONJUNCTIVE-IMPERATIVE MOOD, DEFINITE

	Singular	Plural
1st	-sam/-sem	-suk/-sük
2nd	-sad/-sed	-sátok/-sétek
3rd	-sa/-se	-sák/-sék

When these suffixes are added to the *t*-final stems, *ts* clusters result. The *ts* cluster is pronounced [tʃ] or [tʃː], an assimilation that is not indicated by the spelling, e.g., *tartsuk* [tɔrtʃuk] "let us hold," *tátsuk* [taːtʃːuk] "let us open wide."

CONJUNCTIVE-IMPERATIVE MOOD, INDEFINITE

	ront spoil	sért hurt	önt pour	tát open wide	tanít teach
Sg 1st	rontsak	sértsek	öntsek	tátsak	tanítsak
2nd	rontsál	sértsél	öntsél	tátsál	tanítsál
short	ronts	sérts	önts	táts	taníts
3rd	rontson	sértsen	öntsön	tátson	tanítson
Pl 1st	rontsunk	sértsünk	öntsünk	tátsunk	tanítsunk
2nd	rontsatok	sértsetek	öntsetek	tátsatok	tanítsatok
3rd	rontsanak	sértsenek	öntsenek	tátsanak	tanítsanak

CONJUNCTIVE-IMPERATIVE MOOD, DEFINITE

	ront spoil	sért hurt	önt pour	tát open wide	tanít teach
Sg 1st	rontsam	sértsem	öntsem	tátsam	tanítsam
2nd	rontsad	sértsed	öntsed	tátsad	tanítsad
short	rontsd	sértsd	öntsd	tátsd	tanítsd
3rd	rontsa	sértse	öntse	tátsa	tanítsa

Pl 1st	rontsuk	sértsük	öntsük	tátsuk	tanítsuk
2nd	rontsátok	sértsétek	öntsétek	tátsátok	tanítsátok
3rd	rontsák	sértsék	öntsék	tátsák	tanítsák

3. Verbs ending in *st* or *szt* all take the □-initial conjunctive-imperative (definite or indefinite) endings. However, these verbs delete the verb-final *t* when the conjunctive-imperative suffix is added, and thus the suffix causes the gemination of the preceding *s* or *sz*, e.g., *fest* "paint," but *fessünk* "let us paint."

CONJUNCTIVE-IMPERATIVE MOOD, INDEFINITE

	oszt	ijeszt	fest
	divide	frighten	paint
Sg 1st	osszak	ijesszek	fessek
2nd	osszál	ijesszél	fessél
short	ossz	ijessz	fess
3rd	osszon	ijesszen	fessen
Pl 1st	osszunk	ijesszünk	fessünk
2nd	osszatok	ijesszetek	fessetek
3rd	osszanak	ijesszenek	fessenek

CONJUNCTIVE-IMPERATIVE MOOD, DEFINITE

	oszt	ijeszt	fest
	divide	frighten	paint
Sg 1st	osszam	ijesszem	fessem
2nd	osszad	ijesszed	fessed
short	oszd	ijeszd	fesd
3rd	ossza	ijessze	fesse
Pl 1st	osszuk	ijesszük	fessük
2nd	osszátok	ijesszétek	fessétek
3rd	osszák	ijesszék	fessék

The -jalak/-jelek Form

Similar to the present tense, the past tense, and the conditional, if the subject of the verb is 1st person singular and the object is 2nd person singular or plural, a special suffix is used in the conjunctive-imperative, as well. In the conjunctive-imperative, the suffix is *-jalak/-jelek/-□alak/-□elek*, where □ means the doubling of the stem-final consonant if it is one of the sibilants *sz, z, s, zs*.

The choice of the appropriate *-jalak/-□alak* vs. *-jelek/-□elek* variant is determined by vowel harmony.

	ad	fej	öl	hoz	vés	főz
	give	milk	kill	bring	chisel	cook
Sg 1st	adjalak	fejjelek	öljelek	hozzalak	vésselek	főzzelek

The three types of *t*-final verbs behave in the way described above in the section on *t*-final verbs:

	A		B		C	
	lát	üt	ront	sért	oszt	fest
	see	hit	spoil	hurt	divide	paint
Sg 1st	lássalak	üsselek	rontsalak	sértselek	osszalak	fesselek

For the usage of the conjunctive-imperative, see Chapter 11.

7. The Future Construction

There is no specific future suffix in Hungarian. However, there is a construction that refers to future time. The construction is made up of the verb *fog* + the infinitive. *Fog* takes the definite or indefinite present endings and the infinitive is always of the impersonal kind (i.e., not an infinitive with possessive endings). *Fog* may precede or follow the infinitive. (Its actual position is determined by emphasis and other factors. See Chapter 27 on word order.)

FUTURE INDEFINITE

olvas
read

Sg 1st	**olvasni fogok**	**fogok**	**olvasni**	I will read
2nd	**olvasni fogsz**	**fogsz**	**olvasni**	you will read
3rd	**olvasni fog**	**fog**	**olvasni**	she/he/it will read
Pl 1st	**olvasni fogunk**	**fogunk olvasni**		we will read
2nd	**olvasni fogtok**	**fogtok olvasni**		you will read
3rd	**olvasni fognak**	**fognak olvasni**		they will read

FUTURE DEFINITE

Sg 1st	**olvasni fogom**	**fogom**	**olvasni**	I will read it
2nd	**olvasni fogod**	**fogod**	**olvasni**	you will read it
3rd	**olvasni fogja**	**fogja**	**olvasni**	she/he/it will read it
Pl 1st	**olvasni fogjuk**	**fogjuk**	**olvasni**	we will read it
2nd	**olvasni fogjátok**	**fogjátok olvasni**		you will read it
3rd	**olvasni fogják**	**fogják**	**olvasni**	they will read it

Note that the future construction is not the only way to express future time: the present tense may be used with future reference too (see Chapter 11).

8. The -*ik* final Verbs

The -*ik* final verb class is an idiosyncratic group of verbs. These verbs can be easily identified by the non-harmonizing -*ik* suffix they take instead of the usual Ø in the 3rd person singular present indefinite e.g., *fázik* "he/she/it is cold," *esik* "she/he/it falls," *szökik* "she/he/it escapes," *álmodik* "he/she/it dreams," etc. There used to be a separate -*ik* verb conjugation in all the singular persons in the present indefinite, the conditional indefinite and the conjunctive-imperative indefinite. In present-day standard Hungarian, all the special -*ik* conjugation forms have disappeared (or exist as old-fashioned alternatives to the regular forms), except the 1st person singular and the 3rd person singular present indefinite forms. In the 1st person singular indefinite, the definite suffix -*om*-/-*em*/-*öm* is used (though the regular indefinite -*ok*/-*ek*/-*ök* can be used as well) and in the 3rd person singular indefinite, the suffix is -*ik* instead of zero:

PRESENT TENSE INDEFINITE OF -*ik* FINAL VERBS

	fázik be cold	**esik** fall	**szökik** escape	**álmodik** dream
Sg 1st	**fázom** **fázok**	**esem** **esek**	**szököm** **szökök**	**álmodom** **álmodok**
3rd	**fázik**	**esik**	**szökik**	**álmodik**

Note that some speakers consider the alternative (regular) 1st person forms inappropriate for some -*ik* verbs (e.g., *eszek* "I eat," *iszok* "I drink," etc). Some -*ik* verbs, however, have no special -*om*/-*em*/-*öm* forms in the first person singular, so the -*ok*/-*ek*/-*ök* form must be used, e.g., *hullik* "fall," *bomlik* "loosen," *bújik* "hide," *válik* "become," *megjelenik* "appear," etc.

9. Stems and Irregularities

In Hungarian, verb stems usually do not change when suffixes are added to them. Some stems, however, are subject to changes depending on the shape of the suffix (alternating stems). These are described in this chapter.

Vowel-Deleting Stems

These stems all end in a vowel and a single consonant. The vowel preceding the stem-final consonant is deleted if the suffix attached to the stem begins with a vowel:

		Consonant-initial suffix		Vowel-initial suffix	
sodor	roll	**sodorja**	he/she/it rolls	**sodrom**	I roll
seper	sweep	**seperted**	you swept	**seprek**	I sweep
gyötör	pester	**gyötörnék**	they would pester	**gyötri**	she/he/it pesters

Some more frequent vowel-deleting verb stems:

becsmérel	impeach	**kínoz**	torture
céloz	aim	**kóborol**	ramble
didereg	shiver	**könyörög**	beg
ellenez	object to	**közöl**	inform
énekel	sing	**lélegzik**	breathe
érdemel	deserve	**megjegyez**	remember
érez	feel	**mosolyog**	smile
forog	revolve	**mozog**	move
fürdik	bathe	**őriz**	guard
gyakorol	practice	**őröl**	grind
gyötör	torture	**pazarol**	waste
helyesel	approve of	**pótol**	replace
hörög	moan	**rabol**	rob
inog	wobble	**rezeg**	vibrate
irigyel	envy	**sebez**	wound
ismétel	repeat	**seper**	sweep
javasol	recommend	**sodor**	roll

szerez	obtain	túloz	exaggerate
térdepel	kneel	ugrik	jump
terem	grow	ünnepel	celebrate
tipor	trample	viszonoz	return
töröl	wipe	zörög	rattle

Note that some of these stems are -*ik* stems as well: **fürdik** "bathe" – **fürödni** "to bathe;" **lélegzik** "breathe" – **lélegezni** "to breathe;" **ugrik** "jump" – **ugorni** "to jump."

v-Adding Stems

Almost all Hungarian verb stems end in consonants or consonant clusters. There are a small number of stems that end in a vowel, but they add a final consonant *v* when followed by a vowel-initial suffix.

The verbs *lő* "shoot," *nő* "grow," *sző* "weave," *ró* "scribble" shorten their vowels when they take a *v* before a vowel-initial suffix:

	Consonant-initial suffix	Vowel-initial suffix
ró scribble	**rónak** they scribble	**rovom** I scribble
lő shoot	**lőnek** they shoot	**lövöm** I shoot

Note that in the past definite and indefinite, these stems end in a vowel to which the past -*tt* plus the appropriate PERSON/NUMBER suffixes are added: *rótt* "he/she/it scribbled," *lőtt* "he/she/it shot," *róttak* "they scribbled," *lőttek* "they shot," etc.

Note also that the vowels of *fő* "cook" and *nyű* "wear down" do not shorten: *fővök* "I cook," *nyűvi* "she/he/it wears something down."

sz/d Stems

Verbs ending in -*uszik*/-*üszik* change their stem-final -*sz* into -*d* when a consonant-initial suffix follows:

	Consonant-initial suffix	Vowel-initial suffix
al(u)szik sleep	**aludtam** I slept	**al(u)szom** I sleep
esküszik swear	**esküdtem** I swore	**esküszöm** I swear

Verbs ending in a consonant plus *-szik* change their stem-final *-sz* into a vowel plus *d* when a consonant-initial suffix is added to them. The vowel that appears before the *-d* follows front-back harmony, but its exact quality is rather unpredictable:

		Consonant-initial suffix		Vowel-initial suffix	
mosakszik	wash onself				
		mosakodtam	I washed myself	**mosakszom**	I wash myself
öregszik	get old				
		öregedtem	I got old	**öregszem**	I get old
dicsekszik	boast				
		dicsekedtem	I boasted	**dicsekszem**	I boast
fekszik	lie				
		feküdtem	I lay	**fekszem**	I lie
haragszik	be angry				
		haragudtam	I was angry	**haragszom**	I am angry

Note that *tetszik* "like," *látszik* "seem," and *játszik* "play" do not belong to this group but behave like regular verbs that end in two consonants:

		Consonant-initial suffix		Vowel-initial suffix	
látszik	seem				
		látszottam	I seemed	**látszom**	I seem
játszik	play				
		játszottam	I played	**játszom**	I play
tetszik	be liked				
		tetszettem	I was liked	**tetszem**	I am liked

The stems discussed in this section (except *tetszik* "like," *látszik* "seem" and *játszik* "play") have variants in vowel + *dik* which never change and behave in a completely regular fashion, e.g., *mosakszik/mosakodik* "wash," *dicsekszik/dicsekedik* "boast."

Irregular Verbs

In addition to the stem classes described above, there are ten verbs whose conjugation is irregular: *eszik* "eat," *hisz* "believe," *iszik* "drink," *jön* "come," *lesz* "be, become," *megy* "go," *tesz* "put, act," *van* "be," *vesz* "take, buy," *visz* "carry."

Seven of these (*tesz* "put, act," *vesz* "take, buy", *hisz* "believe," *visz* "carry," *lesz* "be, become," *eszik* "eat," *iszik* "drink") behave similarly.

In the present (definite and indefinite), they behave like regular verbs (*tesz* and *iszik* are given as examples, but the others are conjugated in the same way (note that *iszik* is a back vowel stem)):

PRESENT TENSE, INDEFINITE

		tesz put, act	iszik drink
Sg	1st	teszek	iszom (iszok)
	2nd	teszel	iszol
	3rd	tesz	iszik
Pl	1st	teszünk	iszunk
	2nd	tesztek	isztok
	3rd	tesznek	isznak

PRESENT TENSE,. DEFINITE

Sg	1st	teszem	iszom
	2nd	teszed	iszod
	3rd	teszi	issza
Pl	1st	tesszük	isszuk
	2nd	teszitek	isszátok
	3rd	teszik	isszák

In past tense (definite and indefinite), the stems of *tesz, vesz, hisz, visz, lesz* are *tett-, vett-, hitt-, vitt-, lett-* respectively. The past stems of *eszik, iszik* are *ett-*, and *itt-* before vowel-initial suffixes and *evett, ivott* in the 3rd person indefinite singular when there is no suffix:

PAST TENSE, INDEFINITE

		tesz put, act	iszik drink
Sg	1st	tettem	ittam
	2nd	tettél	ittál
	3rd	tett	ivott
Pl	1st	tettünk	ittunk
	2nd	tettetek	ittatok
	3rd	tettek	ittak

PAST TENSE, DEFINITE

Sg	1st	tettem	ittam
	2nd	tetted	ittad
	3rd	tette	itta
Pl	1st	tettük	ittuk
	2nd	tettétek	ittátok
	3rd	tették	itták

In the conditional (definite and indefinite), the stems to which the regular conditional and NUMBER/PERSON suffixes are added are *tenn-*, *venn-*, *hinn-*, *vinn-*, *lenn- enn-*, *inn-*:

CONDITIONAL, INDEFINITE

		tesz put, act	iszik drink
Sg	1st	tennék	innék
	2nd	tennél	innál
	3rd	tenne	inna
Pl	1st	tennénk	innánk
	2nd	tennétek	innátok
	3rd	tennének	innának

CONDITIONAL, DEFINITE

Sg	1st	tenném	innám
	2nd	tennéd	innád
	3rd	tenné	inná
Pl	1st	tennénk	innánk
	2nd	tennétek	innátok
	3rd	tennék	innák

In the conjunctive-imperative (definite and indefinite), the stems to which the regular conditional and NUMBER/PERSON suffixes are added are *tegy-*, *vegy-*, *higy-*, *vigy-*, *legy-*, *egy-*, *igy-*, and they take the □-initial conjunctive-imperative suffix variants. With the exception of *higy-*, which regularly becomes *higgy-*, there is no gemination of the stem-final consonant:

CONJUNCTIVE-IMPERATIVE, INDEFINITE

		tesz put, act	iszik drink	hisz believe
Sg	1st	tegyek	igyak	higgyek
	2nd	tegyél	igyál	higgyél
		tégy	–	higgy
	3rd	tegyen	igyon	higgyen
Pl	1st	tegyünk	igyunk	higgyünk
	2nd	tegyetek	igyatok	higgyetek
	3rd	tegyenek	igyanak	higgyenek

CONJUNCTIVE-IMPERATIVE, DEFINITE

		tegyem	igyam	higgyem
Sg	1st	tegyem	igyam	higgyem
	2nd	tegyed	igyad	higgye
		tedd	idd	hidd
	3rd	tegye	igya	higgye
Pl	1st	tegyük	igyuk	higgyük
	2nd	tegyétek	igyátok	higgyétek
	3rd	tegyék	igyák	higgyék

Note that some of these verbs lack the alternative short forms in the 2nd person singular conjunctive-imperative indefinite (*lesz* lacks all definite forms because it is intransitive):

2ND PERSON SINGULAR IMPERATIVE FORMS

		Indefinite conjugation	Definite conjugation
hisz	LONG	higgyél	higgyed
	SHORT	higgy	hidd
lesz	LONG	legyél	–
	SHORT	légy	–
tesz	LONG	tegyél	tegyed
	SHORT	tégy	tedd

vesz	LONG	vegyél	vegyed
	SHORT	végy	vedd
visz	LONG	vigyél	vigyed
	SHORT	–	vidd
eszik	LONG	egyél	egyed
	SHORT	–	edd
iszik	LONG	igyál	igyad
	SHORT	–	idd

Note the infinitives: *hinni, lenni, tenni, venni, vinni, enni, inni.*

The remaining three irregular verbs, *van* "be," *megy* "go," *jön* "come,' have even more irregular paradigms.

All three are intransitive, so they do not have definite conjugations.

	van be	megy go	jön come

PRESENT TENSE

		van	megy	jön
Sg	1st	vagyok	megyek	jövök
	2nd	vagy	mész	jössz
	3rd	van	megy	jön
Pl	1st	vagyunk	megyünk	jövünk
	2nd	vagytok	mentek	jöttök
	3rd	vannak	mennek	jönnek

PAST TENSE

Sg	1st	voltam	mentem	jöttem
	2nd	voltál	mentél	jöttél
	3rd	volt	ment	jött
Pl	1st	voltunk	mentünk	jöttünk
	2nd	voltatok	mentetek	jöttetek
	3rd	voltak	mentek	jöttek

CONDITIONAL

Sg	1st	volnék	mennék	jönnék
	2nd	volnál	mennél	jönnél
	3rd	volna	menne	jönne

Pl	1st	volnánk	mennénk	jönnénk
	2nd	volnátok	mennétek	jönnétek
	3rd	volnának	mennének	jönnének

CONJUNCTIVE-IMPERATIVE

Sg	1st	legyek	menjek	jöjjek
	2nd	legyél	menjél	jöjjél
		légy	menj	gyere
				(jöjj)
	3rd	legyen	menjen	jöjjön
Pl	1st	legyünk	menjünk	jöjjünk
	2nd	legyetek	menjetek	gyertek
				jöjjetek
	3rd	legyenek	menjenek	jöjjenek

Note that *van* does not have conjunctive-imperative forms proper, and the conjunctive-imperative forms of *lesz* are used instead. The forms *gyere* and *gyertek* are short forms in the 2nd person singular – *gyertek* is more colloquial than the long form *jöjjetek*. The form *jöjj* is practically extinct in colloquial Hungarian.

Note the infinitives: *lenni, menni, jönni*.

10. Infinitives and Infinitival Constructions

Forms

The "impersonal" infinitive is formed with the help of a suffix *-ni/-ani/-eni,* which is added to the bare verb stem. The choice between the vowel-initial variants *-ani* vs. *-eni* is determined by vowel harmony. The choice between the vowel-initial *-ani/-eni* vs. the vowelless *-ni* variants depends on the end of the stem. The vowel-initial variants occur in the following cases.

1. the stem ends in two consonants (except *-rr* and *-ll)*

	tart	tölt	vonz
	hold	fill	attract
Infinitive	tartani	tölteni	vonzani

Note that *hall* "hear," *kell* "have to, need," *vall* "confess," and *hull* "fall" are exceptional because they end in *-ll* but they take the vowel-initial *-ani/-eni* variant of the infinitive:

	hall	kell	vall	hull
Infinitive	hallani	kelleni	vallani	hullani

(Compare *állni* "to stand.")

Note also that epenthetic stems do not count as cluster-final and thus take the *-ni* variant: e.g., *morogni* "to growl" (see the section on verb stems in Chapter 9).

Other verbs that take vowel-initial variants include the following:

dönt: dönteni — to decide
fest: festeni — to paint
gyárt: gyártani — to manufacture
gyújt: gyújtani — to light up
hajt: hajtani — to drive
hord: hordani — to wear

játszik: játszani	to play
küld: küldeni	to send
mond: mondani	to say, tell
old: oldani	to tie
olt: oltani	to extinguish
sért: sérteni	to offend
szánt: szántani	to plow
tart: tartani	to hold
választ: választani	to choose
vonz: vonzani	to attract

2. the stem ends in a long vowel plus *-t*:

	tanít	**vetít**
	teach	project something on a screen
Infinitive	**tanítani**	**vetíteni**

Note the stems *lát* "see" and *lót(-fut)* "run a lot, never stop," which are exceptions because they end in a long vowel plus *t* but take the *-ni* variant of the infinitive:

	lát	**lót-fut**
Infinitive	**látni**	**lótni-futni**

In contrast, the stems *bocsát* "forgive," *fűt* "heat," *hűt* "cool," *műt* "operate," *szít* "stir up," *tát* "open wide," *vét* "err" are regular in that they all take the *-ani/-eni* variant. Compare *bocsátani, fűteni, hűteni, műteni, szítani, tátani, véteni*. Sometimes alternative irregular variants exist: *szítni, tátni*.

Note the infinitives of *tesz* "put, act," *vesz* "take, buy," *hisz* "believe," *visz* "carry," *lesz* "be, become," *eszik* "eat," *iszik* "drink," *van* "be," *megy* "go," *jön* "come": *tenni, venni, hinni, vinni, lenni, enni, inni, menni, jönni*.

All other verbs take the *-ni* infinitive ending. Here are som examples:

akar: akarni	to want
beszél: beszélni	to speak
énekel: énekelni	to sing
néz: nézni	to watch

The Infinitive with Possessive Suffixes

One peculiarity of the infinitive is that it can take nominal possessive endings. The infinitival possessive suffixes are the following:

	Singular		Plural
1st	-nom/-nem/-nöm	1st	-nunk/-nünk
	-anom/-enem		-anunk/-enünk
2nd	-nod/-ned/-nöd	2nd	-notok/-netek/-nötök
	-anod/-ened		-anotok/-enetek
3rd	-nia/-nie	3rd	-niuk/-niük
	-ania/-enie		-aniuk/-eniük

These suffixes are harmonizing two- or three-form suffixes, where the choice of the appropriate variant is determined by vowel harmony.

	ad give	**néz** look	**öl** kill
Singular			
1st	adnom	néznem	ölnöm
2nd	adnod	nézned	ölnöd
3rd	adnia	néznie	ölnie
Plural			
1st	adnunk	néznünk	ölnünk
2nd	adnotok	néznetek	ölnötök
3rd	adniuk	nézniük	ölniük

The choice between the vowel-initial and vowelless variants is determined by the same factors as in the case of the impersonal infinitive suffix *-ni/-ani/ -eni* discussed above. Verbs ending in two consonants or a long vowel plus *-t* receive the vowel-initial ending, others the vowelless one (e.g., *mond* "say": *mondanom, mondanod, mondania, mondanunk, mondanotok, mondaniuk*).

Note that the infinitival possessives of irregular verbs are based on the stems *tenn-, venn-, hinn-, vinn-, lenn-, enn-, inn-, lenn-, menn-, jönn-*, e.g., *hinnem, hinned, hinnie, hinnünk, hinnetek, hinniük*.

Infinitival Constructions

Infinitives may occur in combination with conjugated verbs (*ők **menni** akarnak* "They want to go") and "complex verbs," i.e., nominal + conjugated BE constructions (e.g., *kész vagyok* "be ready to": *Én **kész vagyok** megtenni* *amit akarsz* "I am ready to do what you want." Note that the "be" verb (copula) is missing in the present 3rd person singular and plural: *ő kész megtenni...* "He is ready to do...," *ők készek megtenni...* "They are ready to do...," (see Chapter 27). Infinitival constructions often have "auxiliary like" meanings.

Some verbs and complex verbs take a nominative subject and an impersonal infinitive *-ni/-ani/-eni*:

(Én) akarok teniszezni.	I want to play tennis.
(Ők) utálnak teniszezni.	They hate to play tennis.
János utál teniszezni.	John hates to play tennis.
(Te) kénytelen vagy teniszezni.	You have no choice but to play tennis.
(Mi) kénytelenek voltunk teniszezni.	We had no choice but to play tennis.

Verbs of this type include the following (complex verbs are indicated by the mark "+VAN" after the nominal):

akar	want	kész +VAN	be ready to
bátorkodik	dare	készül	be prepared to
bír	be able to	kezd	start
elfelejt	forget	kíván	wish
elkezd	start	köteles +VAN	be obliged to
enged	allow	(meg)próbál	try
fél	be afraid	(meg)tanul	learn
fog	shall, will	megy	go
gyűlöl	hate	mer	dare
hagy	let, allow	segít	help
hajlandó +VAN	can be persuaded to	siet	hurry
igyekszik	do one's best to	szégyell	be ashamed
imád	love	szeret	love
iparkodik	do one's best to	szokott	be in the habit of*
kénytelen +VAN	have no choice but	tanul	learn
képes +VAN	be capable of, have the nerve to	tud	can, know
		utál	hate

* Note that the verb **szokott** only has past forms.

Some verbs and complex verbs can take either a dative subject and an impersonal infinitive *-ni/-ani/-eni* or a dative subject and an infinitive with a possessive ending (the word order is independent of the construction, see Chapter 27):

Nekem kell írni.	**(Nekem) írnom kell.**	I have to write.
Jánosnak kell írni.	**Jánosnak írnia kell.**	John has to write.
Nektek kell írni.	**(Nektek) írnotok kell.**	You have to write.

Verbs of this type include the following (complex verbs are indicated by the mark "+VAN" after the nominal):

érdemes	be worth
fáj	hurt
hasznos +VAN	be useful to
illik	be done to
jó +VAN	be good to
jólesik	feel good to
kell	must, have to
könnyű+VAN	be easy to
lehet	may, possible
muszáj +VAN	must, have to
nehéz +VAN	be difficult to
rossz +VAN	be bad to
sikerül	succeed
szabad +VAN	be allowed to
szükséges +VAN	be necessary to
szükségtelen +VAN	be unnecessary to
tilos +VAN	be forbidden to

Note that both constructions described above allow another dative in the same sentence referring to the recipient "to/for somebody":

Nekem kell írni neked.
(Nekem) írnom kell neked.   I have to write to you.

In the first impersonal construction, this may result in ambiguity, since a single dative may be interpreted either as subject or as recipient (because the subject may be optionally left out):

Nekem kell írni.   I have to write to somebody. Or
Somebody has to write to me.

Nekünk kell elsőbbséget adni.   We have to give way to somebody. Or
Somebody has to give way to us.

11. Use of Tenses

Tenses

There is no equivalent of the English perfect and continuous tenses in the Hungarian conjugation system (verbal prefixes may express perfective meaning, see Chapter 13).

The present tense may refer to present or future time:

Megyek **Amerikába.**
I am going to America.

Holnap megyek **Amerikába.**
I will go to America tomorrow.

Nézem **a tévét.**
I am watching television.

Majd nézem **a tévét.**
I will watch television.

The past tense refers to any action or state that took place in the past. It can be translated into English with simple past, past continuous, past perfect, and past perfect continuous tenses:

Tegnap *láttam* **egy lovat.**
I saw a horse yesterday.

Éppen egy könyvet *olvasott.*
He/she/it was reading a book.

Amikor *beszéltem* **vele, már** *látta* **a filmet.**
He had already seen the film when I talked to him.

Note that the English present perfect corresponds to the Hungarian past tense if the meaning is resultative or indefinite past, but to the present tense if the meaning is the "up-to-the-present" type:

Láttam **a filmet.**
I have seen the movie.

Kidobta a virágot **az ablakon.**
She/he has thrown the flower out of the window.

1968 óta itt *laknak.*
They have lived here since 1968.

There is no rule for sequence of tenses in Hungarian, so dependent clauses may be in any tense (including the future) even if the main clause is in the past:

Azt mondta, hogy Mari *elment.*
He/she/it said that Mary had left.

Azt mondta, hogy Mari *elmegy.*
He/she/it said that Mary was leaving/would leave.

Azt mondta, hogy Mari *el fog menni.*
He/she/it said that Mary would leave.

The present tense may refer to the present or the future. Thus, future time may be expressed in two ways: by the present tense and with the future construction:

Kimegy az állomásra.
He/she/it goes/is going/will go to the railroad station.

Ki fog menni az állomásra.
He/she/it will go to the railroad station.

The Conditional

Of the three conditional constructions, type 1 (If I find Christopher, we'll go to the movies) is expressed by the present or the future in Hungarian. Both the the present and the future may appear in either of the two clauses:

Ha megtalálom Kristófot, (akkor) elmegyünk moziba.
If I find Christopher, we'll go to the movies.

Ha meg fogom találni Kristófot, (akkor) elmegyünk moziba.
If I find Christopher, we'll go to the movies.

Ha meg fogom találni Kristófot, (akkor) el fogunk menni moziba.
If I find Christopher, we'll go to the movies.

Ha megtalálom Kristófot, (akkor) el fogunk menni moziba.
If I find Christopher, we'll go to the movies.

Conditional construction type 2 (If I found Christopher, we'd go to the movies) is expressed by the present conditional in both clauses:

Ha megtalálnám Kristófot, (akkor) elmennénk moziba.
If I found Christopher, we'd go to the movies.

Jó lenne, ha többet látnám.
It would be nice if I saw her/him/it more.

Conditional construction type 3 (If I had found Christopher, we would have gone to the movies) is expressed by the past conditional in both clauses:

Ha megtaláltam volna Kristófot, (akkor) elmentünk volna moziba.
If I had found Christopher, we would have gone to the movies.

Jó lett volna, ha többet láttam volna.
It would have been nice if I had seen her/him/it more.

The present conditional is also used in polite requests:

Adnál egy pohár vizet?
Would you give me a glass of water?

The Conjunctive-Imperative

The conjunctive-imperative is used in direct commands and requests:

Nézz ki az ablakon!
Look out the window!

Gyere ide!
Come here!

Ne menjünk aludni!
Let's not go to sleep!

It is also used in reported commands/requests:

Azt mondtad, hogy (én) nézzek ki az ablakon.
You told me to look out of the window.

Júlia azt kéri, hogy jöjjek ide.
Julia asks me to come here.

A barátom azt javasolta, hogy ne menjünk aludni.
My friend suggested that we should not go to sleep.

It can also express action that somebody commands, requests, or wants somebody else to do:

Azt akarom, hogy vedd fel.
I want you to put it on.

Csak azt szeretnéd, hogy szeressen.
You would like him/her/it to love you.

Azt parancsolta, hogy ne nevessek.
She/he/it ordered me not to laugh.

It is also used to ask for instructions, suggestions, etc. (i.e., it can be used in the meaning expressed in English by *Shall I?, Shall we?*).

Levágassam a hajam?
Shall I have my hair cut?

Hová tegyük le?
Where shall we put it down?

12. Verbal Suffixes

Some of the verbal meanings that are expressed by auxiliaries or special constructions in English are expressed by endings or suffixes in Hungarian. The suffixes listed here may be followed by inflectional suffixes (past, conditional, and conjunctive-imperative in the given verb form):

Causative

The causative refers to constructions of the type "to make somebody do something."

-at/-et
-tat/-tet

The choice between the back vowel variant and the front vowel variant is determined by vowel harmony. Generally, one-syllable stems get the -at/-et variant and polysyllabic stems get the -tat/-tet variant:

mos	küld	olvas	keres
wash	send	read	look for

Causative

mosat	make somebody wash
küldet	make sombody send
olvastat	make somebody read
kerestet	make somebody look for

However, there are many stems that behave idiosyncratically: *csikorgat* "make something screech," *altat* "make someone sleep," etc. Note *itat* "give someone a drink" and *etet* "feed."

A tanár énekeltette az osztályt.
The teacher made the class sing.

Péter a Vöröskereszttel keresteti a nővérét.
Peter had the Red Cross look for his sister.

Reflexive

Reflexive suffixes indicate that the subject and the object of the verb are the same. There are several reflexive suffixes. The choice between the different vowels is determined by vowel harmony, but otherwise the variation is rather unpredictable:

-kodik/-kedik/-ködik
-kozik/-kezik/-közik
-ódik/-ődik
-ó(d)zik/-ő(d)zik

Examples include *mos* "wash," *mosakodik* "wash oneself"; *fésül* "comb," *fésülködik* "comb oneself"; *táplál* "feed," *táplálkozik* "feed oneself"; etc. Note that for many verbs ending in the suffixes given above, a reflexive meaning is not always possible to supply, e.g., *jelentkezik* "stand up to report," *gondolkozik* "think," etc.

A cicánk mindennap háromszor mosakodik.
Our kitten cleans itself three times a day.

Biztos, hogy fésülködtél?
Are you sure you combed your hair?

The *-hat/-het* forms

This is a truly productive form of verbal suffixation, with the meanings expressed in English by *can, could, may, might, be allowed to.* The forms are *-hat/-het,* where the choice between the variants is determined by vowel harmony.

	lát	**néz**	**öl**
	see	watch	kill
-hat/-het	**láthat**	**nézhet**	**ölhet**
	may see	may watch	may kill

Megnézhetem azt a filmet?
Can I watch that movie?

Még elérhetjük a vonatot, ha sietünk.
We may still catch the train if we hurry.

Note the following irregular -*hat*/-*het* forms:

eszik	eat	**ehet**
hisz	believe	**hihet**
iszik	drink	**ihat**
jön	come	**jöhet**
megy	go	**mehet**
tesz	put, do	**tehet**
van	be	**lehet**
vesz	take	**vehet**
visz	carry	**vihet**

13. Verbal Prefixes

Hungarian verbs often take verbal particles in prefix position. The most frequent verbal prefixes are listed below. It is important to note that meanings listed with these verbal prefixes may often be misleading, because, frequently, the meaning of the given prefix + verb combination cannot be directly determined from the meanings of its parts. No meaning will be given if the verbal prefix in question has no identifiable meaning in isolation.

abba		közbe	in (between)
agyon		közre	in (between)
alá	(to) under	külön	apart
át	across, through	le	down
be	in(to)	meg	[perfective]
bele	into	mellé	next to, not to the right
benn	in		place
egybe	into one	neki	into
el	away	oda	(to) there
ellen	against	össze	together
elő	forward	rá	onto
előre	(to) forward	rajta	on
fel, föl	up	széjjel	apart
félbe	into half,	szembe	opposite, in the face of
	[incompleteness]	szerte	in all directions
félre	aside	szét	apart, into parts
felül, fölül	up	tele	full
fenn, fönn	up	tova	away
hátra	(to the) back	tovább	(continuing) on
haza	(to) home	tönkre	
helyre	to (put) right	túl	past
hozzá	to, towards	újjá	anew
ide	here	újra	again
keresztül	across, through	utána	after
ketté	into two	végbe	to the end
ki	out	végig	throughout
körül	around	vissza	back

Some of the verbal prefixes have concrete spatial adverbial meanings:

be   in, into
    beugrik   jump into

bele   into
    beleugrik   jump into

ki   out (of)
    kiugrik   jump out (of)

le   down
    leugrik   jump down

fel, föl   up
    felugrik   jump up

el   away, off
    elugrik   jump away

vissza   back
    visszaugrik   jump back

át   across, over
    átugrik   jump over

végig   along
    végigugrik   jump along

ide   here
    ideugrik   jump here

oda   there
    odaugrik   jump there

rá   on, onto
    ráugrik   jump onto

In their concrete spatial meanings, verbal prefixes usually require that the dependent noun they refer to be in some adverbial case (i.e., not the nominative or the accusative):

Mindjárt *ki*ugrom az ágy*ból*.
I'll jump out of bed in a minute.

Mindjárt *be*ugrom az víz*be*.
I'll soon jump into the water.

Some of the verbal prefixes have aspectual meanings. They usually express the completion of an action (like some uses of the perfect tenses in English) or the beginning of an action:

Completion: **meg**
          el
          ki

Anna tegnap csinálta a házi feladatát.
Anna was doing her homework yesterday.

Anna tegnap megcsinálta a házi feladatát.
Anna completed (doing) her homework yesterday.

Anna tegnap olvasta a könyvét.
Anna was reading her book yesterday.

Anna tegnap kiolvasta a könyvét.
Anna read her book to the end yesterday.

Anna tegnap ment az úton.
Yesterday Anna was walking down the road.

Anna tegnap elment.
Yesterday Anna left.

Beginning: **meg**
          el

A gyerek megszólalt.
The baby started to talk.

A gyerek elmosolyodott.
The baby started to smile.

It is not possible to say which verbs take which verbal prefixes in which aspectual meaning. When they have an aspectual meaning, verbal prefixes usually require that the dependent noun they refer to (if there is one) should be in the accusative case.

Often the prefix + verb combination has a meaning that cannot be determined from the meanings of its parts:

ki	out	**csinál**	do	**kicsinál**	kill, finish off
át	across, over	**ver**	beat	**átver**	cheat on someone

When used in this abstract sense, verbal prefixes usually require that the dependent noun they refer to (if there is one) should be in the accusative.

Although verbal prefixes are attached to the beginning of verbs, they can actually become separated from the verb and sometimes may appear after the verb:

Megvettem a könyvet.
I have bought the book.

Meg kellett vennem a könyvet.
I had to buy the book.

Nem vettem *meg* a könyvet.
I have not bought the book.

A könyvet vettem *meg*.
It was the book that I have bought.

The position of the verbal prefix basically depends on emphasis, i.e., the focus of the sentence. For details, see the section on word order in Chapter 27.

Part Two:
Essentials of Grammar

14. The Article

There are two kinds of articles, definite and indefinite:

Definite   Indefinite

a, az   egy

Of the two variants of the definite article, *a* may appear before words that begin with a consonant and *az* may precede words that begin with a vowel.

The articles do not receive inflectional or derivational endings (they are not inflected for case, number, etc.):

a kutya the dog	**a kutyák** the dogs	**a kutyának** for the dog
az ökör the ox	**az ökrök** the oxen	**az ökörnek** for the ox
egy teve a camel	–	**egy tevének** for a camel

The definite article is used before certain kinds of proper nouns, in particular, the names of mountain ranges (*az Alpok* "the Alps"), hills (*a János-hegy* "János hill"), rivers (*a Duna* "the Danube"), seas (*a Fekete-tenger* "the Black sea"), lakes (*a Balaton* "Lake Balaton"), regions (*az Alföld* "the Great Hungarian Plain"), streets (*a Csopaki utca* "Csopaki Street"), roads (*a Rákóczi út* "Rákóczi Road"), squares (*a Rákóczi tér* "Rákóczi Square"), countries consisting of more than one word (*az Amerikai Egyesült Államok* "the United States of America"), newspapers (*a Magyar Hírlap*), books (*az Édes Anna*) and institutions (*a Magyar Tudományos Akadémia* "the Hungarian Academy of Sciences").

Note that (unlike in English) the definite article is used with uncountable nouns and plural countable nouns even if the expression has generic reference:

The phrase **a hó** may mean snow in general.

A hó veszélyes lehet.   Snow may be dangerous.

The phrase **a madarak** may mean birds in general.

A madarakhoz vonzódott.   He/she/it was attracted to birds.

15. Nouns: Number and Person

The Structure of the Noun

The noun in Hungarian consists of the stem plus five inflectional slots, i.e. positions where inflectional suffixes can occur. The first slot indicates NUMBER, the second slot indicates POSSESSIVE/PERSON, the third slot indicates EXTERNAL POSSESSED, the fourth slot indicates EXTERNAL POSSESSED NUMBER, and the fifth slot indicates CASE. Each of these slots may be empty as the unmarked status of these categories: singular, non-possessive, non-possessor, singular possessed, nominative is always a null suffix. The EXTERNAL POSSESSED NUMBER can only be plural if the POSSESSOR slot is filled. Thus, schematically the structure of the noun is:

Stem + NUMBER +POSSESSIVE + (EXTERNAL POSSESSED + EXTERNAL POSSESSED NUMBER) + CASE

Examples:

kalap	hat
kalap+ok	hats
kalap+om	my hat
kalap+om+at	my hat, accusative
kalap+om+é	that of my hat
kalap+om+é+t	that of my hat, accusative
kalap+om+é+i+t	those of my hat, acusative
kalap+jai+m+é+i+t	those of my hats, accusative

(The plus signs are only used to indicate suffix boundaries and do not appear in normal spelling.) Note that grammatical gender does not exist in Hungarian.

Number

Singular does not require an ending in Hungarian. The plural is a harmonizig three-form suffix -ok/-ek/-ök, where the choice of the appropriate variant is determined by vowel harmony:

rákok	crabs	**emberek**	people	**tökök**	pumpkins
pókok	spiders	**rétek**	meadows	**üstök**	cauldrons

The suffix vowel is *-a/-e* instead of the regular *-o/-e/-ö* after lowering stems (see the section on stems below):

falak	walls	**szögek**	nails
ólak	pigsty	**fülek**	ears

The suffix vowel is unstable: it does not appear if the stem ends in a vowel:

bíró: **bírók**	judges	fiú: **fiúk** boys	nő: **nők** women

If the noun is marked for possessor, the plural is not *-ok/-ek/-ök*, but the suffix *-i/-jai/-jei/-ai/-ei*:

bíróim	my judges	**kalapjaim**	my hats	**lányaim**	my daughters
vésőim	my chisels	**kertjeim**	my gardens	**szemeim**	my eyes

For the choice between the variants, see the section on POSSESSIVE/PERSON suffixes below.

Possessive/Person

A possessor ending expresses that the referent of the noun is possessed by something or someone (*botom* "my stick," *botunk* "our stick," etc.).

The suffixes are the following when the possessed noun is singular (the numbers refer to the possessor's person):

POSSESSOR FOR SINGULAR POSSESSED NOUNS

Sg			Pl		
	1st	-om/-em/-öm		1st	-unk/-ünk
		-m			-nk
	2nd	-od/-ed/-öd		2nd	-otok/-etek/-ötök
		-d			-tok/-tek/-tök
	3rd	-ja/-je		3rd	-juk/-jük
		-a/-e			-uk/-ük

These suffixes are harmonizing two- or three-form suffixes, where the choice of the appropriate variant is determined by vowel harmony.

	pad	bench	fej	head	sör	beer
Sg						
1st	padom		fejem		söröm	
2nd	padod		fejed		söröd	
3rd	padja		feje		söre	
Pl						
1st	padunk		fejünk		sörünk	
2nd	padotok		fejetek		sörötök	
3rd	padjuk		fejük		sörük	

The initial vowel in the 1st and 2nd person suffixes is unstable and it does not appear after vowel-final stems.

	hajó	ship	zseni	genius	kesztyű	glove
Sg						
1st	hajóm		zsenim		kesztyűm	
2nd	hajód		zsenid		kesztyűd	
3rd	hajója		zsenije		kesztyűje	
Pl						
1st	hajónk		zsenink		kesztyűnk	
2nd	hajótok		zsenitek		kesztyűtök	
3rd	hajójuk		zsenijük		kesztyűjük	

The initial suffix vowel is *a/e* instead of the regular *o/e/ö* in the 2nd person (singular and plural) and the 1st person singular after lowering stems (see the section on stems below).

	fal	wall	szög	nail
Sg				
1st	falam		szögem	
2nd	falad		szöged	
3rd	fala		szöge	
Pl				
1st	falunk		szögünk	
2nd	falatok		szögetek	
3rd	faluk		szögük	

The choice between the "*j*-less" and the "*j*-initial" variants in the 3rd person (singular and plural) is determined partly by the last sound of the stem and partly by the class the stem belongs to: vowel-final stems take "*j*-initial" variants (e.g., *hajója* "his/her/its ship,") consonant-final stems take "*j*-less" variants if the final consonant is *ty, gy, ny, j, ly, m, h* (e.g., *hegye* "his/her/its mountain," *lánya* "his/her/its daughter," *szeme* "his/her/its eye," etc.) In addition, alternating stems usually take "*j*-less" variants (see the section on stems below). There are, however, many exceptions (e.g., *bűne* "his/her/its sin," *farmja* "his/her/its farm," *reggele* "his/her/its morning," etc.)

When the possessed noun is plural, the possessive/person suffixes are the following:

POSSESSOR FOR PLURAL POSSESSED NOUNS

Sg
1st	-i/-jai/-jei/-ai/-ei + -m
2nd	-i/-jai/-jei/-ai/-ei + -d
3rd	-i/-jai/-jei/-ai/-ei + Ø

Pl
1st	-i/-jai/-jei/-ai/-ei + -nk
2nd	-i/-jai/-jei/-ai/-ei + -tok/-tek
3rd	-i/-jai/-jei/-ai/-ei + -k

As can be seen, the plural possessed suffixes consist of the plural marker and the POSSESSIVE/PERSON markers. The latter have just one form except in the 2nd person plural, where there is the harmonizing two-form suffix *-tok/ -tek*. The choice between the variants is determined by vowel harmony:

padjaitok your$_{pl}$ benches   **fejeitek** your$_{pl}$ heads
boraitok your$_{pl}$ wines   **söreitek** your$_{pl}$ beers

Note that there is no marker in the 3rd person singular.

The choice of the plural before possessor marker is determined by several factors. The non-harmonizing *-i* variant appears if the stem ends in a vowel other than *i*:

	hajó ship	**kesztyű** glove
Sg		
1st	**hajóim**	**kesztyűim**
2nd	**hajóid**	**kesztyűid**
3rd	**hajói**	**kesztyűi**
Pl		
1st	**hajóink**	**kesztyűink**
2nd	**hajóitok**	**kesztyűitek**
3rd	**hajóik**	**kesztyűik**

If the stem itself ends in an *i*, the suffix is always harmonizing *-jai/-jei*:

	zseni genius	kocsi car
Sg		
1st	zsenijeim	kocsijaim
2nd	zsenijeid	kocsijaid
3rd	zsenijei	kocsijai
Pl		
1st	zsenijeink	kocsijaink
2nd	zsenijeitek	kocsijaitok
3rd	zsenijeik	kocsijaik

Otherwise, the choice between the "*j*-less" and "*j*-initial" variants is determined by the same factors as described above (where the singular possessed 3rd person forms were discussed).

The choice between the variant with *ai* as opposed to *ei* is determined by vowel harmony:

	pad bench	fej head	sör beer
Sg			
1st	padjaim	fejeim	söreim
2nd	padjaid	fejeid	söreid
3rd	padjai	fejei	sörei
Pl			
1st	padjaink	fejeink	söreink
2nd	padjaitok	fejeitek	söreitek
3rd	padjaik	fejeik	söreik

External Possessed

EXTERNAL POSSESSED expresses that the referent of the noun possesses something or someone (e.g., *lányomé* "**that** of my daughter's" as in *Az a kutya a lányomé* "That dog is my daughter's"). The external POSSESSED suffix is non-harmonic **-é**

padé	that of the bench	fejé	that of the head
boré	that of the wine	söré	that of the beer
hajóé	that of the ship	kocsié	that of the car

External Possessed Number

The plural marker of the External Possessed Number is the non-harmonic suffix -*i*, which only appears together with the EXTERNAL POSSESSED mark -é and expresses that there is more than one thing or person possessed by the referent of the noun (e.g., *lányoméi* "**those** of my daughter's" as in *Azok a kutyák a lányoméi* "Those dogs are my daughter's"):

padéi	those of the bench	**fejéi**	those of the head
boréi	those of the wine	**söréi**	those of the beer
hajóéi	those of the ship	**kocsiéi**	those of the car

16. Nouns: Case

In Hungarian, many of the prepositional meanings found in English are expressed by cases. The cases and case(-like) endings are the following:

Form(s)	Name	Approximate Meaning(s)
Ø	Nominative	
-ot/-et/-öt	Accusative	(the case of object nouns)
-t		
-ban/-ben	Inessive	in
-ba/-be	Illative	into
-ból/-ből	Elative	out of
-on/-en/-ön	Superessive	on
-n		
-ról/-ről	Delative	from, about
-ra/-re	Sublative	onto
-nál/-nél	Adessive	at
-tól/-től	Ablative	from
-hoz/-hez/-höz	Allative	to
-ig	Terminative	up to, until
-nak/-nek	Dative	to, for
-ként	Formalis	as, like
-val/-vel	Instrumental	with
-vá/-vé	Translative	(turning) into
-ért	Causative	for
-ostul/-estül/-östül	Associative	together with
-stul/-stül		
-kor	Temporal	at
-onta/-ente/-önte	Distributive-	repeatedly, every ...
-nta/-nte	Temporal	

Some of the case suffixes harmonize (like *-hoz/-hez/-höz* and *-nak/-nek*); others are non-harmonic (like *-kor*). The choice between the variant of harmonic suffixes is determined by vowel harmony:

	dob drum	**szem** eye	**tök** pumpkin
Nominative	**dob**	**szem**	**tök**
Accusative	**dobot**	**szemet**	**tököt**
Inessive	**dobban**	**szemben**	**tökben**
Illative	**dobba**	**szembe**	**tökbe**
Elative	**dobból**	**szemből**	**tökből**
Superessive	**dobon**	**szemen**	**tökön**
Delative	**dobról**	**szemről**	**tökről**
Sublative	**dobra**	**szemre**	**tökre**
Adessive	**dobnál**	**szemnél**	**töknél**
Ablative	**dobtól**	**szemtől**	**töktől**
Allative	**dobhoz**	**szemhez**	**tökhöz**
Terminative	**dobig**	**szemig**	**tökig**
Dative	**dobnak**	**szemnek**	**töknek**
Formalis	**dobként**	**szemként**	**tökként**
Instrumental	**dobbal**	**szemmel**	**tökkel**
Translative	**dobbá**	**szemmé**	**tökké**
Causative	**dobért**	**szemért**	**tökért**
Associative	**dobostul**	**szemestül**	**tököstül**

The temporal and the distributive-temporal suffixes behave as regular harmonic suffixes, but only combine with temporal expressions (*naponta*, "every day," *hetente*, "every week," *csütörtökönte*, "every Thursday").

The initial vowel of the accusative *-ot/-et/-öt* is unstable. It does not appear (and thus we get the *-t* variant) if the stem ends in a vowel.

hajót	ship (accusative)
kocsit	car (accusative)
kesztyűt	glove (accusative)

In addition, it does not appear if the stem ends in a vowel followed by the consonants *sz, z, s, zs, j, ly, l, r, n, ny, ssz, zz, ss, ll, rr, nn, ns, nsz, nz*:

részt	part (accusative)	**bort**	wine (accusative)
dzsesszt	jazz (accusative)	**orrt**	nose (accusative)
gőzt	vapor (accusative)	**színt**	color (accusative)
vigyázzt	Attention! (accusative)	**finnt**	Finn (accusative)
kést	knife (accusative)	**lányt**	girl (accusative)
brosst	brooch (accusative)	**szenny(e)t**	dirt (accusative)
garázst	garage (accusative)	**protestánst**	Protestant (accusative)
sóhajt	sigh (accusative)	**reneszánszt**	Renaissance
súlyt	weight (accusative)		(accusative)
dalt	song (accusative)	**pénzt**	money (accusative)
futballt	football (accusative)		

The unstable vowel appears when the stem ends in another consonant or consonant cluster.

The unstable vowel also always appears if the stem is a lowering stem, in which case the unstable vowel is irregularly *-a* or *-e* (see the section on stems below):

falat	wall (accusative)	**tehenet**	cow (accusative)
fület	ear (accusative)	**várat**	castle (accusative)
vizet	water (accusative)	**könnyet**	tear (accusative)

The initial vowel of the superessive (*-on/-en/-ön*), the associative (*-ostul/-estül/-östül*), and the distributive-temporal (*-onta/-ente/-önte*) is also unstable: it does not appear after stems ending in a vowel.

Superessive		Associative	
hajón	on (a) ship	**hajóstul**	together with (a) ship
kocsin	on (a) car	**kocsistul**	together with (a) car
kesztyűn	on (a) glove	**kesztyűstül**	together with (a) glove

After lowering stems (see the section on stems below) the initial vowel of the associative, but not the superessive (*-on/-en/-ön*), is *-a/-e* instead of the regular *-o/-e/-ö*:

Superessive		Associative	
falon	on (a) wall	**falastul**	together with (a) wall
vizen	on water	**vizestül**	together with water
fülön	on (an) ear	**fülestül**	together with (an) ear

The instrumental *(-val/-vel)* and the translative (*-vá/-vé*) are only *v*-initial after stems that end with a vowel:

Instrumental		Translative	
hajóval	with (a) ship	**hajóvá**	(turn) into a ship
kocsival	with (a) car	**kocsivá**	(turn) into a car
kesztyűvel	with (a) glove	**kesztyűvé**	(turn) into a glove

When the stem ends with a consonant, the initial *v* of *-val/-vel, -vá/-vé* becomes identical with the stem-final consonant:

Instrumental		Translative	
dobbal	with (a) drum	**dobbá**	(turn) into a drum
szemmel	with (an) eye	**szemmé**	(turn) into an eye
tökkel	with (a) pumpkin	**tökké**	(turn) into a pumpkin

The Possessive Construction

In possessive constructions, the possessor noun precedes the possessed noun. The possessor noun is inflected for the dative case, and the possessed noun receives a possessive/person suffix. The possessed number agrees with the possessor in person. The noun in the dative is followed by the definite article *a/az*:

Péternek a könyve	Peter's book
az embereknek a barátja	the people's friend
a vödörnek az alja	the bottom of the bucket

However, it is usual to omit both the dative suffix and the following definite article (never just one of them!):

Péter könyve	Peter's book
az emberek barátja	the people's friend
a vödör alja	the bottom of the bucket

If the possessor is expressed by a personal pronoun, the nominative of the pronoun is used, and the pronoun may be optionally omitted:

az én könyvem	**a könyvem**	my book
a te barátod	**a barátod**	your friend
a mi késünk	**a késünk**	our knife
a ti autótok	**az autótok**	your car

The singular 3rd person pronoun **ő** is used both in the singular and in the plural 3rd person:

az ő könyve	**a könyve**	her/his book
az ő könyvük	**a könyvük**	their book

17. Nouns: Stems

In Hungarian, stems regularly do not change when suffixes are added to them.

There is one systematic exception to this rule: the stem-final vowels *a/e* lengthen into *á/é* respectively if a suffix follows:

		accusative	delative	inessive	dative
apa	father	apát	apáról	apában	apának etc.
alma	apple	almát	almáról	almában	almának etc.
teve	camel	tevét	tevéről	tevében	tevének etc.
kefe	brush	kefét	keféről	kefében	kefének etc.

Note that there is no such lengthening before a handful of suffixes, e.g., *-ként* "as," *-ság/-ség* "-ness," *-szerű* "-like": *fa: faként* "as a tree," *faszerű* "treelike," *gyenge: gyengeség* "weakness."

There are, however, some irregular stem types, which are described in this chapter.

Lowering Stems

Lowering stems do not change themselves, but they cause some irregularities in suffix variants. After these stems, the suffix-initial unstable vowel is *-a/-e* instead of the regular *-o/-e/-ö* (though not in the superessive), and the unstable vowel of the accusative is retained even after stem-final consonants that otherwise cause the deletion of the unstable vowels (see examples in Chapter 16 in the discussion of accusative, superessive, associative, and distributive-temporal cases).

Here are some more frequent nominal lowering stems:

ág	branch	agy	brain
ágy	bed	ár	price
árny	shadow	fal	wall
fej	head	férj	husband

fog	tooth	fül	ear
gally	twig	gyár	factory
hal	fish	has	stomach
ház	house	héj	peel
hely	place	híd	bridge
hold	moon	könny	tear
könyv	book	láb	leg
levél	leaf	ló	horse
lyuk	hole	madár	bird
máj	liver	mell	breast
méz	honey	nyak	neck
nyár	summer	öv	belt
száj	mouth	szárny	wing
szög	nail	szörny	monster
szűz	virgin	tál	dish
talp	sole (of a shoe)	tárgy	object
társ	partner	tehén	cow
tej	milk	tél	winter
tó	lake	toll	feather
ügy	affair	ujj	finger
vágy	desire	vaj	butter
váll	shoulder	vászon	linen
víz	water	völgy	valley

Not only stems, but suffixes may be lowering as well. Lowering suffixes include the following:

the PLURAL *-ok/-ek/-ök/-k*	*sorokat* lines (acc)
the POSSESSIVE/PERSON suffixes	*soromat* my line (acc)
the ordinal forming *-odik/-edik/-ödik*	*hatodikat* 6th (acc)

Some stems are subject to changes depending on the shape of the suffix (alternating stems). These are described below.

Vowel-Deleting Stems

Vowel-deleting stems all end in a short vowel plus a consonant. The vowel preceding the stem-final consonant is deleted if the suffix attached to the stem begins with a vowel. Suffixes with initial unstable vowels keep their suffix-initial vowels and count as vowel-initial suffixes:

		Consonant-initial suffix		Vowel-initial suffix	
bokor	bush	bokorban	in (a) bush	bokrok	bushes
eper	strawberry	eperben	in (a) strawberry	eprek	strawberries
ökör	ox	ökörben	in (an) ox	ökrök	oxen

Terminative -ig, causative -ért, and external possessed -é are exceptions because they begin with a vowel, but cause no vowel deletion in stems.

		-ig	-ért	-é
bokor	bush	bokorig	bokorért	bokoré
eper	strawberry	eperig	eperért	eperé
ökör	ox	ökörig	ökörért	ököré

Some more frequent nominal vowel-deleting stems are the following:

álom	dream	bagoly	owl
bajusz	mustache	bátor	brave
birodalom	empire	bokor	bush
cukor	sugar	dolog	thing
eper	strawberry	fájdalom	pain
félelem	fear	fészek	nest
fogoly	prisoner	győzelem	victory
három	three	iker	twin
irodalom	literature	izom	muscle
kapocs	clasp	kereskedelem	commerce
kölyök	kid	köröm	fingernail
majom	monkey	méreg	poison
ököl	fist	ökör	ox
ólom	lead	piszok	filth
pokol	hell	sarok	corner
sátor	tent	szatyor	bag
szerelem	love	szobor	sculpture
társadalom	society	titok	secret
torok	throat	torony	tower
történelem	history	tükör	mirror

Note that in three words, pehely "fluff," kehely "chalice," and teher "weight," not only is there a vowel loss, but the consonants flanking the variable stem vowel change places when the vowel is deleted:

		Consonant initial suffix		Vowel initial suffix	
teher	weight	teherben	in (a) weight	terhek	weights
kehely	chalice	kehelyben	in (a) chalice	kelyhek	chalices
pehely	fluff	pehelyben	in (a) fluff	pelyhek	fluffs

v-Adding Stems

There are a small number of stems that end in a vowel, but add a final consonant *v* when followed by a vowel-initial suffix.

Ló "horse," *fű* "grass," *nyű* "maggot," *tő* "stem," *cső* "pipe," *kő* "stone" shorten their vowels when they take a *v* before a vowel-initial suffix:

		Consonant-initial suffix		Vowel-initial suffix	
ló	horse	**lóban**	in (a) horse	**lovak**	horses
cső	pipe	**csőben**	in (a) pipe	**csövek**	pipes

Note that the vowel of *mű* "work of art" does not shorten: *művek* "works of art."

In the three stems *hó* "snow," *szó* "word," and *tó* "lake" the stem-final *ó* changes into *av* before a vowel-initial suffix:

		Consonant-initial suffix		Vowel-initial suffix	
hó	snow	**hóban**	in snow	**havak**	snow
szó	word	**szóban**	in (a) word	**szavak**	words
tó	lake	**tóban**	in (a) lake	**tavak**	lakes

Note that the accusative of *szó* "word" is *szót*.

In the three stems *falu* "village," *daru* "crane," and *tetű* "louse," the stem-final *vowel* changes into *v* before a vowel-initial suffix:

		Consonant-initial suffix		Vowel-initial suffix	
falu	village	**faluban**	in (a) village	**falvak**	villages
daru	crane	**daruban**	in (a) crane	**darvak**	cranes
tetű	louse	**tetűben**	in (a) louse	**tetvek**	lice

However, these stems can be used in a regular non-alternating way (e.g., *faluk* "villages").

Note that all *v*-adding stems are also lowering stems (e.g., *lovak* "horses," *csövek* "pipes").

Terminative *-ig*, causal *-ért*, and external possessed *-é* do not cause the adding of the *v* (e.g., *tóig*, *faluért*, *tőé*, etc.).

Vowel-Shortening Stems

Some stems shorten their last (or only) stem vowel when followed by vowel-initial suffixes:

		Consonant-initial suffix		Vowel-initial suffix	
nyár	summer	**nyárban**	in (a) summer	**nyarak**	summers
kéz	hand	**kézben**	in (a) hand	**kezek**	hands
szűz	virgin	**szűzben**	in (a) virgin	**szüzek**	virgins

All vowel shortening stems are lowering stems (e.g., *nyarak* "summers," *szüzek* "virgins").

Again, terminative *-ig*, causative *-ért*, and external possessed *-é* do not cause vowel shortening (e.g., *nyárig, szűzért, kézé,* etc.).

Some more frequent nominal vowel shortening stems are the following:

darázs	wasp	**dél**	noon
derék	waist	**ég**	sky
fenék	bottom	**gyökér**	root
hét	week	**jég**	ice
kenyér	bread	**kerék**	wheel
kéz	hand	**kosár**	basket
kötél	rope	**légy**	fly
levél	letter	**madár**	bird
mész	lime	**név**	name
nyár	summer	**nyíl**	arrow
nyúl	rabbit	**pohár**	glass, cup
szekér	cart	**szél**	wind
szemét	litter	**szűz**	virgin
tehén	cow	**tél**	winter
tenyér	palm	**tűz**	fire
úr	lord	**víz**	water

Unrounding Stems

There are a few stems with final *ő* and *ó* where final vowels change these into *e* and *a* respectively when followed by certain POSSESSIVE/PERSON suffixes, in particular the ones that begin with *i* or *j* (i.e., all the plural possessed suffixes and the singular possessed 3rd person suffixes):

| erdő | forest | erdeje | his/her/its forest | erdeitek | your forests |
| **ajtó** | door | **ajtaja** | his door | **ajtaitok** | your doors |

The commonest unrounding stems are the following:

idő	time	esztendő	year
erdő	forest	erő	power
ajtó	door	tüdő	lung
tető	top	mező	field

However, even with these stems, the change is sometimes optional (e.g., *erdője* "his/her forest").

Note that *borjú* "calf" may have its final vowel deleted in the same environment: *borja* "its calf," *borjaitok* "your calves."

18. Postpositions

Some of the prepositional meanings found in English are expressed in Hungarian by postpositions. In this respect, postpositions function like case endings. However, they are not attached to the noun itself, but follow it as a separate word (*a meccs* **után** "after the match") and may even refer to more than one noun or nominal group (*a meccs és a vacsora* **után** "after the match and the dinner"). As their name suggests, postpositions normally follow the noun or nominal group they refer to.

The most important postpositions are the following:

POSTPOSITION	MEANING
előtt	in front of, before
elé	to + in front of
elől	from + in front of
mögött	behind
mögé	to + behind
mögül	from + behind
alatt	under, below, during
alá	to + below
alól	from + below
fölött	above, over
felett	
fölé	to + above
fölül	above
mellett	next to
mellé	to + next to
mellől	from + next to
között	between, among
közé	to + between/among
közül	from + between/among
át	through, across, for (+ time)
belül	inside, within

ellen	against
felé	toward(s)
felől	from the direction of
helyett	instead of
kívül	outside, except
közben	while
keresztül	through, across, for (+ time)
múlva	after, in (+ time)
miatt	because of
nélkül	without
óta	since
szerint	according to
tájt	around, about
túl	beyond, past

The nouns that postpositions refer to are usually in the nominative case: *a ház előtt* "in front of the house," *a fák között* "between/among the trees," *Kristóf felé* "toward Christopher," *Júlia miatt* "because of Julia," etc. There are, however, some exceptions that require the noun to be in a case other than the nominative: *keresztül, át, túl, belül, kívül* require the noun to be in the superessive (e.g., *a szobán keresztül* "across the room" *a határon túl* "beyond the border," etc.), and *fogva* requires the noun to be in the ablative (*attól a naptól fogva* "from that day").

Similarly to the forms of pronouns inflected for case (like *nekem* "for me," *tőled* "from you," etc., see Chapter 23), some postpositions may form postpositional pronominal forms. These forms consist of a postposition plus the regular person/possessive endings (see Chapter 16). Of the postpositions above, the following ones can be part of postpositional pronominal forms.

	Pronominal Examples	Meanings
előtt	előttem, előtted, előtte, ...	in front of me/you/ ...
elé	elém, eléd, elé, elénk, ...	to in front of me/you /...
elől	előlem, előled, előle, ...	in front of me/you/ ...
mögött	mögöttem, mögötted, mögötte, ...	behind me/you/ ...
mögé	mögém, mögéd, mögé, ...	to behind me/you/ ...
mögül	mögülem, mögüled, mögüle, ...	from behind me/you/ ...
alatt	alattam, alattad, alatta, ...	below me/you /...
alá	alám, alád, alá, ...	to below me/you/ ...
alól	alólam, alólad, alóla, ...	from below me/you/ ...

fölött,	fölöttem, fölötted, fölötte, ...	above me/you/ ...
felett	felettem, feletted, felette, ...	above me/you/ ...
fölé	fölém, föléd, fölé, ...	to above me/you/ ...
fölül	fölülem, fölüled, fölüle, ...	above me/you/ ...
mellett	mellettem, melletted, mellette, ...	next to me/you/ ...
mellé	mellém, melléd, mellé, ...	to next to me/you/ ...
mellől	mellőlem, mellőled, mellőle, ...	from next to me/you/ ...
között	közöttem, közötted, közötte, ...	between/among me/you...
közé	közém, közéd, közé, ...	to between/among me/you...
közül	közülem, közüled, közüle, ...	from between/among me/you ...
felé	felém, feléd, felé, ...	toward me/you/ ...
felől	felőlem, felőled, felőle, ...	from my/your/ ... direction
kívül	kívülem, kívüled, kívüle, ...	outside me/you/ ...
helyett	helyettem, helyetted, helyette, ...	instead of me/you ...
ellen	ellenem, ellened, ellene, ...	against of me/you ...
miatt	miattam, miattad, miatta, ...	because of me/you ...
nélkül	nélkülem, nélküled, nélküle, ...	without me/you/ ...
szerint	szerintem, szerinted, szerinte, ...	in my/your/ ... view

19. Adjectives and Adverbs

The Adjective

Adjectives may appear in attributive or non-attributive function. In attributive function, they precede the nouns (or the nouns modified by other adjectives) that they modify:

egy nagy ház	a big house
a szép lány	the beautiful girl
hat hatalmas vad	six large wild
sárga oroszlán	yellow lions

In attributive function, they do not take case endings or the plural:

nagy házak	big houses
a szép lánytól	from the beautiful girl
hat hatalmas vad	to six large wild
sárga oroszlánhoz	yellow lions

Adjectives in non-attributive function are basically predicative. These agree in number with the subject:

Ez a ház hatalmas.	**Ezek a házak hatalmasak.**
This house is huge.	These houses are huge.

A folyó sötétkék volt.	**A folyók sötétkékek voltak.**
The river was dark blue.	The rivers were dark blue.

Látom, hogy a cipőd piszkos.	**Látom, hogy a cipőid piszkosak.**
I can see that your shoe is dirty.	I can see that your shoes are dirty.

Adjectives can substitute adjective + noun phrases whose noun has already been mentioned or is known from the context (just like pronouns can substitute for nouns or phrases):

Melyik kutya harap?	**A fekete.**
Which dog bites?	The black one.

Két gyerek van a szobában.	**A kicsi játszik.**
There are two children in the room.	The small one is playing.

When adjectives stand for adjective + noun phrases, they essentially function as nouns and thus may receive the usual nominal case endings and the plural suffix:

A két kutya közül a feketének a füle fehér.
Of the two dogs, the black one's ear is white.

Ne vedd meg a drágát, amikor az olcsó is elég jó.
Don't buy the expensive one when the cheap one is good enough.

A rosszakról ne is beszéljünk!
Let's not talk about the bad ones.

Annak a magasnak hoztam egy kis ajándékot.
I've brought a little present for that tall one.

Note that adjectives behave as lowering stems when they receive suffixes.

Some Common Adjectives

nagy	big	**vad**	wild
kicsi, kis	little, small	**magas**	tall, high
hosszú	long	**alacsony**	short
rövid	short	**csinos**	pretty
jó	good	**szép**	beautiful
rossz	bad	**csúnya**	ugly
gazdag	rich	**széles**	wide
szegény	poor	**keskeny**	narrow
erős	strong	**okos**	clever
gyenge	weak	**buta**	stupid
könnyű	easy, light	**meleg**	warm, hot
nehéz	difficult, heavy	**forró**	hot
kövér	fat	**hideg**	cold
sovány	thin	**nedves**	wet
kemény	hard, tough	**száraz**	dry
puha	soft	**hajlékony**	flexible
édes	sweet	**merev**	rigid
savanyú	sour	**éles**	sharp
keserű	bitter	**tompa**	blunt
sós	salty	**szelíd**	gentle

Note that **kis** "small, little" cannot be used predicatively; instead **kicsi** is used.

Ez egy kis/kicsi könyv.	Ez a könyv kicsi.
This is a small book.	This book is small.

When proper names are used as adjectives, they usually no longer begin with a capital letter. Compare

Azt hiszem, Japán sziget.	vs.	A japán kakasok kicsik.
I think Japan is an island.		Japanese roosters are small.

Hol van Anglia?	vs.	Az angol ételek nagyszerűek.
Where is England?		English food is wonderful.

Comparison of Adjectives

Most adjectives can have endings that indicate comparative (more) and superlative (most) degree.

The comparative ending after consonant-final stems is *-abb/-ebb*, where the choice of the variant is determined by vowel harmony:

halk	low (voice)	halkabb	lower (voice)
gazdag	rich	gazdagabb	richer
kerek	round	kerekebb	rounder
meleg	hot	melegebb	hotter

The comparative ending is the vowelless *-bb* after stems ending in a vowel (note that stem final *-a* and *-e* regularly change to *-á* and *-é*, respectively):

fekete	black	feketébb	blacker
buta	stupid	butább	stupider
olcsó	cheap	olcsóbb	cheaper

The superlative is similar to the comparative, but in addition to the *-abb/ -ebb/-bb* suffix, the stem takes the non-harmonic *leg-* prefix as well:

halk	low (voice)	leghalkabb	lowest (voice)
gazdag	rich	leggazdagabb	richest
kerek	round	legkerekebb	roundest
meleg	hot	legmelegebb	hottest
fekete	black	legfeketébb	blackest
buta	stupid	legbutább	stupidest
olcsó	cheap	legolcsóbb	cheapest

Irregular Adjectives

Adjectival stems usually have just one form (though note the *a/e*-final stems mentioned above), but there are some that irregularly change when the suffix is added:

jó	good	jobb	better	legjobb	best
hosszú	long	hosszabb	longer	leghosszabb	longest
könnyű	light	könnyebb	lighter	legkönnyebb	lightest
bő	loose	bővebb	looser	legbővebb	loosest
szép	beautiful	szebb	more beautiful	legszebb	most beautiful
sok	many, much	több	more	legtöbb	most
alsó	bottom	alsóbb	lower	legalsó	bottommost
felső	top	felsőbb	higher	legfelső	topmost
külső	outside	külsőbb	outer	legkülső	outermost
belső	inside	belsőbb	inner	legbelső	innermost
szélső	side	szélsőbb	more to the side	legszélső	outermost

Note that *nagyobb* "bigger," *legnagyobb* "biggest" have *-obb*, instead of the regular *-abb*.

Comparative Sentences

Similarity (or its negation) is expressed by the positive form of adjectives and adverbs and the construction *olyan . . . mint*:

János olyan lassú, mint én.
John is as slow as I am.

János nem olyan lassú, mint én.
John is not as slow as I am.

Ez a toll olyan jó, mint az enyém.
This pen is as good as mine.

Ez a toll nem olyan jó, mint az enyém.
This pen is not as good as mine.

Péter olyan gyorsan vezet, mint János.
Peter drives as fast as John does.

Péter nem olyan gyorsan vezet, mint János.
Peter does not drive as fast as John does.

Inequality (or its negation) may be expressed by the comparative form of adjectives and adverbs and the construction *olyan ... mint*:

János lassabb, mint én.
John is slower than I am.

János nem lassabb, mint én.
John is not slower than I am.

Ez a toll jobb, mint az enyém.
This pen is better than mine.

Ez a toll nem jobb, mint az enyém.
This pen is not better than mine.

Péter gyorsabban vezet, mint János.
Peter drives faster than John does.

Péter nem vezet gyorsabban, mint János.
Peter does not drive as fast as John does.

Superlative inequality (or its negation) may be expressed by the superlative form of adjectives and adverbs preceded by the definite article *a/az:*

János a leglassabb.
John is the slowest.

János nem a leglassabb.
John is not the slowest.

Ez a toll a legjobb.
This pen is the best.

Ez a toll nem a legjobb.
This pen is not the best.

János vezet a leggyorsabban.
John drives fastest.

Nem János vezet a leggyorsabban.
It's not John who drives fastest.

Note that in the superlative construction, the postposition *közül* often appears to identify the group from which the selection is made:

János a leglassabb a fiúk közül.
John is the slowest of the boys.

The Adverb

Adverbs modify adjectives, verbs, or clauses. Some adverbs have no special endings (e.g., *otthon* "at home," *itt* "here," *ott* "there," *holnap* "tomorrow," *rögtön* "immediately," *soha* "never," *néha* "sometimes," *gyalog* "on foot," etc.), but some of them have adverb-forming suffixes. There is a more or less regular way of deriving adverbs from adjectives by suffixing *-an/-en* or *-ul/-ül* to adjectival stems. The choice between the variants *-an* vs. *-en* and *-ul* vs. *-ül* is determined by vowel harmony, but the choice between *-an/-en* vs. *-ul/-ül* is somewhat idiosyncratic. In addition, sometimes a vowelless variant of these suffixes is used. The following is a list of adverbs derived from the adjectives given in the section on adjectives above (wherever such derivation is possible):

magasan	high	**alacsonyan**	low
hosszan	for long	**csinosan**	prettily
röviden	briefly	**szépen**	beautifully
jól	well	**csúnyán**	in an ugly way
rosszul	badly	**szélesen**	widely
gazdagon	richly	**keskenyen**	narrowly
szegényen	poorly	**nehezen**	heavily
erősen	strongly	**könnyen**	lightly
gyengén	weakly	**okosan**	cleverly
könnyen	easily	**bután**	stupidly
nehezen	in a difficult way	**melegen**	hotly
kövéren	fat	**forrón**	hotly
soványan	thinly	**hidegen**	coldly
keményen	in a tough way	**nedvesen**	wet
puhán	softly	**szárazan**	dry
édesen	sweetly	**hajlékonyan**	flexibly
savanyú(a)n	sourly	**mereven**	rigidly
keserű(e)n	bitterly	**élesen**	sharply
sósan	saltily	**tompán**	bluntly
vadul	wildly	**szelíden**	gently

As can be seen above, sometimes the stems change as well (e.g., *nehéz – nehezen*). Since the choice of the suffixes and the right variants is somewhat irregular, it is advisable to check a dictionary when in doubt.

Note that *nagyon* means "very" or "strongly" (*Nagyon édes* "(S)he/it is very sweet," *Nagyon megütötte* "(S)he hit him/her hard").

The names of languages require the *-ul/-ül* suffix to express the meaning "in a given language": *angolul* "in English," *németül* "in German," etc.

Comparison of Adverbs

The comparison of comparable adverbs is formed like that of adjectives. The comparative suffix precedes the adverbial suffixes mentioned above:

vadul	wildly	**szelíden**	gently
vadabbul	more wildly	**szelídebben**	more gently
legvadabbul	most wildly	**legszelídebben**	most gently

Note the irregular comparisons:

jól	well	**jobban**	better	**legjobban**	best
kint **kinn**	outside	**kijjebb**	farther	**legkijjebb**	farthest out
bent **benn**	inside	**beljebb**	farther in	**legbeljebb**	farthest in
fent **fenn**	up	**feljebb**	farther up	**legfeljebb**	farthest up
lent **lenn**	down	**lejjebb**	farther down	**leglejjebb**	farthest down

20. Numbers

When used to qualify nouns, numbers precede the nouns: e.g., *egy kutya* "one dog," *a negyedik kutya* "the fourth dog." Numbers can be used as nouns: in this case, they can take the usual nominal case endings: e.g., *négyet* "four" (accusative), *a hatodikban* "in the sixth."

Cardinal Numbers

0	nulla, semmi	31	harmincegy
1	egy [ε ɟ:]	40	negyven
2	kettő, két	42	negyvenkettő, negyvenkét
3	három	50	ötven
4	négy	53	ötvenhárom
5	öt	60	hatvan
6	hat	64	hatvannégy
7	hét	70	hetven
8	nyolc	75	hetvenöt
9	kilenc	80	nyolcvan
10	tíz	86	nyolcvanhat
11	tizenegy	90	kilencven
12	tizenkettő, tizenkét	97	kilencvenhét
13	tizenhárom	100	(egy)száz
14	tizennégy	108	száznyolc
15	tizenöt	200	kétszáz
16	tizenhat	209	kétszázkilenc
17	tizenhét	900	kilencszáz
18	tizennyolc	1000	(egy)ezer
19	tizenkilenc	1500	ezerötszáz
20	húsz	1988	ezerkilencszáznyolcvannyolc
21	huszonegy	2225	kétezer-kétszázhuszonöt
22	huszonkettő	100 000	százezer
23	huszonhárom	126 012	százhuszonhatezer-tizenkettő
24	huszonnégy	1 000 000	egymillió
25	huszonöt	2 000 000	kétmillió
26	huszonhat	1 000 000 000	egymilliárd
27	huszonhét	6 000 000 000	hatmilliárd
28	huszonnyolc	1 200 567 801	egymilliárd-kétszázmillió-
29	huszonkilenc		ötszázhatvanhétezer-
30	harminc		nyolcszázegy

1. The noun following a cardinal number is always singular: *egy ló* "one horse," *két ló* "two horses," *huszonöt ló* "25 horses."

2. The cardinal number 2 has two forms. *Két* is used attributively before a noun/adjective/adverb: *két kutya* "two dogs." *Kettő* is used elsewhere: *Kettőt láttam* "I saw two." *Ez nem kettő* "This is not two." *Kettő* may be used attributively if we want to emphasize the number.

3. Large numbers are usually written with a space where English uses a comma, and with a comma where English uses a decimal point. Thus, Hungarian 987 654,32 corresponds to English 987,654.32.

Ordinal Numbers

1st	első	21st	huszonegyedik
2nd	második	22nd	huszonkettedik
3rd	harmadik	23rd	huszonharmadik
4th	negyedik	24th	huszonnegyedik
5th	ötödik	25th	huszonötödik
6th	hatodik	26th	huszonhatodik
7th	hetedik	27th	huszonhetedik
8th	nyolcadik	28th	huszonnyolcadik
9th	kilencedik	29th	huszonkilencedik
10th	tizedik	30th	harmincadik
11th	tizenegyedik	31st	harmincegyedik
12th	tizenkettedik	40th	negyvenedik
13th	tizenharmadik	50th	ötvenedik
14th	tizennegyedik	60th	hatvanadik
15th	tizenötödik	70th	hetvenedik
16th	tizenhatodik	80th	nyolcvanadik
17th	tizenhetedik	90th	kilencvenedik
18th	tizennyolcadik	100th	századik
19th	tizenkilencedik	1000th	ezredik
20th	huszadik	1 000 000	milliomodik

1. Ordinals lose their *-ik* ending before the harmonizing suffix *-szor/-szer/ -ször*: *ötödször* "(for the) fifth time," *negyedszer* "(for the) fourth time," *harmadszor* "(for the) third time." Note also the irregular *először* "(for the) first time" and *másodszor* "(for the) second time."

2. When written with numbers, ordinals are followed by a period: *3. kiadás = harmadik kiadás* "3rd edition."

Fractions

Fractions are formed by suffixing the harmonizing ending *-od/-ed/-öd* to a cardinal number: *hatod, heted, ötöd*, etc. Fractions can combine with a preceding ordinal: *egyhatod* "1/6," *ötheted* "5/7," *négyötöd* "4/5," etc.

1/2	egyketted		1/8	egynyolcad
1/3	egyharmad		1/9	egykilenced
1/4	egynegyed		1/10	egytized
1/5	egyötöd		1/20	egyhuszad
1/6	egyhatod		1/100	egyszázad
1/7	egyheted		1/1000	egyezred

1. Note that *harmad, nyolcad, huszad, század* have *-ad* instead of the regular *-od*.

2. *Ketted* never appears without an initial ordinal. *Egyketted* is mainly used in mathematics. Its everyday equivalent is *fél* "half."

Arithmetic

Addition *összeadás : meg, plusz* [plus:] "plus"
4 + 3 = 7   **Négy meg három (az) hét.**
             Négy plusz három (az) hét.
             Négy meg három egyenlő héttel.

Subtraction *kivonás: -ból/-ből* "minus"
10 − 4 = 6   **Tízből négy az hat.**
6 − 2 = 4   **Hatból kettő az négy.**

Multiplication *szorzás : -szor/-szer/-ször* "times"
6 x 2 = 12   **Hatszor kettő az tizenkettő.**
2 x 4 = 8   **Kétszer négy az nyolc.**
5 x 2 = 10   **Ötször kettő az tíz.**

Division *osztás : -ban/-ben, osztva* "divided by"
6 ÷ 2 = 3   **Hatban a kettő megvan háromszor.**
6 ÷ 2 = 3   **Hat osztva kettővel egyenlő hárommal.**

= *egyenlő, (az)* "equals"

21. Demonstrative Pronouns

The demonstrative pronouns are the following:

ez	this	**ezek**	these
az	that	**azok**	those

ugyanez	the same	**ugyanezek**	the same + PL
ugyanaz	the same	**ugyanazok**	the same + PL

They may be used attributively to qualify a noun, in which case they are always followed by the definite article a/az:

Ez a kutya fekete.	This dog is black.
Azok a fekete kutyák nem ugatnak.	Those black dogs do not bark.

They may be used non-attributively (pronominally):

Ez egy fekete kutya.	This is a black dog.
Péter nem olyan mint azok.	Peter is not like those.
Látom ezeket.	I can see them.

Demonstrative pronouns can take case endings like nouns. Their only special feature is that the final z of ez, az completely assimilates to the initial consonant of the attached case endings:

	ez	az	
Nominative	**ez**	**az**	this/that
Accusative	**ezt**	**azt**	this/that (accusative)
Inessive	**ebben**	**abban**	in this/that
Illative	**ebbe**	**abba**	into this/that
Elative	**ebből**	**abból**	out of this/that
Superessive	**ezen**	**azon**	on this/that
Delative	**erről**	**arról**	from this/that
Sublative	**erre**	**arra**	onto this/that

Adessive	**ennél**	**annál**	at this/that
Ablative	**ettől**	**attól**	from this/that
Allative	**ehhez**	**ahhoz**	to this/that
Terminative	**eddig**	**addig**	up to this/that
Dative	**ennek**	**annak**	for this/that
Formalis	**ekként**	**akként**	like this/that
Instrumental	**evvel**	**avval**	with this/that
	ezzel	**azzal**	
Translative	**ezzé**	**azzá**	(turn) into this/that
Causative	**ezért**	**azért**	for this/that
Associative	–	–	
Temporal	**ekkor**	**akkor**	at this/that time
Distributive Temporal	–	–	

Demonstrative pronouns that qualify nouns have to agree with the noun in number and case:

ezt a fehér kutyát	this white dog (accusative)
ezeket a fehér kutyákat	these white dogs (accusative)
ennek a fehér kutyának	for this white dog
ezeknek a fehér kutyáknak	for these white dogs

There are a number of other words that have similar meanings to demonstrative pronouns, but basically behave as adjectives (and do not agree in number and case with the qualified noun):

ilyen	like this
olyan	like that
ekkora	this (size)
akkora	that (size)
ennyi	this much/many
annyi	that much/many

22. Possessive Pronouns

Unlike English, Hungarian has just one set of possessive pronouns (only the *mine* series exists; the *my* series does not). Possessive pronouns stand alone as true pronouns and are not used to qualify nouns (the possessive is expressed by personal pronouns in the nominative and case endings: see the section of the possessive construction in Chapter 16). Each possessive pronoun exists in singular and plural, according to the number of the possessed noun:

Ez a kutya az enyém.	This dog is mine.
Ezek a kutyák az enyéim.	These dogs are mine. (plural)

Singular possessed

enyém	mine
tied, tiéd	yours
övé	his/hers/(its)
mienk, miénk	ours
tietek, tiétek	yours
övék	theirs

Plural possessed

enyéim, enyémek	mine
tieid	yours
övéi, övék	his/hers/(its)
mieink	ours
tieitek	yours
övéik	theirs

Note that there is no gender distinction in the 3rd person singular. Possessive pronouns may receive the usual case endings (e.g., accusative *övéit*, dative *enyémnek*, etc.).

23. Personal Pronouns

Personal pronouns may be inflected for most of the cases. As can be seen below, most of the inflected pronominal forms consist of a given variant of a case suffix functioning as a stem plus a possessive/person ending. Since Hungarian does not have grammatical gender, personal pronouns show no gender distinction either.

Singular

	1st	2nd	3rd
Nominative	**én** I	**te** you	**ő** he/she/it
Accusative	**engem** me	**téged** you	**őt** him/her/it
Inessive	**bennem** in me	**benned** in you	**benne** in him/her/it
Illative	**belém** into me	**beléd** into you	**belé** into him/her/it
Elative	**belőlem** out of me	**belőled** out of you	**belőle** out of him/her/it
Superessive	**rajtam** on me	**rajtad** on you	**rajta** on him/her/it
Delative	**rólam** about me	**rólad** about you	**róla** about him/her/it
Sublative	**rám** onto me	**rád** onto you	**rá** onto him/her/it
Adessive	**nálam** at me	**nálad** at you	**nála** at him/her/it
Ablative	**tőlem** from me	**tőled** from you	**tőle** from him/her/it
Allative	**hozzám** to me	**hozzád** to you	**hozzá** to him/her/it
Terminative	–	–	–
Dative	**nekem** for me	**neked** for you	**neki** for him/her/it
Formalis	–	–	–
Instrumental	**velem** with me	**veled** with you	**vele** with him/her/it
Translative	–	–	–
Causative	**értem** for me	**érted** for you	**érte** for him/her/it
Associative	–	–	–
Temporal	–	–	–
Distributive Temporal	–	–	–

Plural

	1st	2nd	3rd
Nominative	**mi** we	**ti** you	**ők** they
Accusative	**minket** us **bennünket**	**titeket** you **benneteket**	**őket** them
Inessive	**bennünk** in us	**bennetek** in you	**bennük** in them
Illative	**belénk** into us	**belétek** into you	**beléjük** into them
Elative	**belőlünk** out of us	**belőletek** out of you	**belőlük** out of them
Superessive	**rajtunk** on us	**rajtatok** on you	**rajtuk** on them
Delative	**rólunk** about us	**rólatok** about you	**róluk** about them
Sublative	**ránk** onto us	**rátok** onto you	**rájuk** onto them
Adessive	**nálunk** at us	**nálatok** at you	**náluk** at them
Ablative	**tőlünk** from us	**tőletek** from you	**tőlük** from them
Allative	**hozzánk** to us	**hozzátok** to you	**hozzájuk** to them
Terminative	–	–	–
Dative	**nekünk** for us	**nektek** for you	**nekik** for them
Formalis	–	–	–
Instrumental	**velünk** with us	**veletek** with you	**velük** with them
Translative	–	–	–
Causative	**értünk** for us	**értetek** for you	**értük** for them
Associative	–	–	–
Temporal	–	–	–
Distributive Temporal	–	–	–

The 2nd person pronous *te, ti* have alternative forms *ön, önök* and *maga, maguk*, which are used in more formal conversation. The difference between *te, ti* vs. *ön, önök/maga, maguk* corresponds to the difference between German *du, ihr* vs. *Sie*. The pronouns *ön, önök/maga, maguk* take the regular nominal case endings (e.g., accusative *önt, magát*; dative *önnek, magának*; etc.).

Note that although these pronouns are 2nd person pronouns, they require 3rd person verb forms.

Te hova mész?
Maga/Ön hova megy?

Where are you going?
Where are you going?

Note that there is no gender distinction in the 3rd person singular. *Ó* and its corresponding inflected forms may mean either *he* or *she* (or more rarely *it*).

Similarly to the forms of pronouns inflected for case, some postpositions may form postpositional pronominal forms (see Chapter 18).

24. Reflexive Pronouns

The reflexive pronouns are the following:

Singular		Plural	
1st	**magam**	1st	**magunk**
2nd	**magad**	2nd	**magatok**
3rd	**maga**	3rd	**maguk**

They can sometimes appear prefixed with *ön-* (e.g., *önmagam, önmagad,* etc.) and *saját* (*saját magam, saját magad*, etc.).

They can be inflected for case like regular nouns (e.g., accusative *magam(at)*, dative *magamnak*, superessive *magamon*, etc.). Note that the accusative ending is optional in the 1st and 2nd persons.

Látom magamat a tükörben.	I can see myself in the mirror.
Látom magam a tükörben.	I can see myself in the mirror.

Reflexive pronouns are used in object or adverbial position if the subject of the sentence and the object/adverbial refers to the same person/thing:

Júlia nézi magát a tévében.	Julia watches herself on TV.
Júlia magában beszél.	Julia talks to herself.

They can be used instead of personal pronouns to express emphasis:

Magam dobom ki az ablakon.	I myself will throw it out of the window.

They can be used to express the meaning "alone":

Magad vagy a világban.	You are alone in this world.

25. Interrogative and Relative Pronouns and Adverbs

Interrogative Pronouns

The interrogative pronouns introduce wh-questions. They are the following:

ki?	who?
mi?	what?
melyik?	which?
milyen?	what kind?
miféle?	what sort?
mekkora?	what size?
hány?	how many?
mennyi?	how much?
hányadik, hanyadik?	which (in a sequence)?

The interrogative pronouns may take the plural and the same case endings as nouns. Here are some examples:

miket?	what? (plural + accusative)	(Accusative)
melyikben?	in which?	(Inessive)
melyikekben?	in which? (plural)	(Inessive)
milyennek?	for what kind?	(Dative)
milyeneknek?	for what kind? (plural)	(Dative)
miféléyé?	(turn) into what sort?	(Translative)
mifélékké?	(turn) into what sort? (plural)	(Translative)
mekkoránál?	at what size?	(Adessive)
mekkoráknál?	at what size? (plural)	(Adessive)
hánytól?	from how many?	(Ablative)
mennyiből?	from how much?	(Elative)
hányadikkal?	with which? (in a sequence)	(Instrumental)
hányadikakkal?	with which? (in a sequence, plural)	(Instrumental)

Note that *hány?*, *mennyi?* do not have a plural. Note also that *hánykor?* means "at which hour?"

The interrogative pronouns *melyik?*, *milyen?*, *miféle?*, *mekkora?*, *hány?*, *mennyi?*, *hányadik?*, *hanyadik?* can only receive case endings in truly pronominal function, i.e., when they stand alone. They have no case endings when they qualify a noun or an adjective:

Melyik kutyát etetted meg?   Which dog have you fed?
Mennyi vízben fürödtél?   How much water did you bathe in?
Milyen emberekkel látták?   What kind of people was he seen with?

Relative Pronouns

Relative pronouns stand at the beginning of dependent (relative) clauses and refer back to something already mentioned in the main clause (their antecedent). They are formed by prefixing *a-* to interrogative pronouns:

aki	who, that
amely	which, that
ami	which, that
amelyik	which
amilyen	the kind of which
amiféle	the sort of which
amekkora	what size
ahány	how many
amennyi	how much
ahányadik	which (in a sequence)

With the exception of *ahány* and *amennyi*, relative pronouns may be plural, and they have to agree with their antecedent in number:

Láttam a lányt, aki a szobában ült.
I saw the girl who was sitting in the room.

Láttam a lányokat, akik a szobában ültek.
I saw the girls who were sitting in the room.

Similarly to interrogative pronouns, relative pronouns can receive case endings as well (their inflection is identical with that of the interrogative pronouns), but they do not have to agree with their antecedent according to case:

Adtam néhány csontot a kutyának, amelyik a szobában ült.
I gave a few bones to the dog that was sitting in the room.

Interrogative adverbs and relative adverbs have a function similar to interrogative pronouns and relative pronouns respectively, but they do not take case and plural endings. They are the following:

Interrogative Adverbs

hol?	where?
merre?	in which direction?
hova?, hová?	(to) where?
meddig?	up to which point?
honnan?	from where?
merről?	from which direction?
mettől?	from which point in time/space?
mikor?	when?
mióta?	since when?
meddig?	until when?
hogy(an)?	how?

Note the complex *mennyi ideig?* which means "how long?"

Merre mész?	In which direction are you going?
Honnan jön a vonat?	Where is the train coming from?
Hogy érzik magukat?	How do they feel?
Mennyi ideig éltél Budapesten?	How long did you live in Budapest?

Relative Adverbs

ahol	where
amerre	in which direction
ahova, ahová	to where
ameddig	up to which point
ahonnan	from where
amerről	from which direction
amettől	from which point in time/space
amikor	when
amióta	since when
ameddig	until when
ahogy(an)	how

Elmentem a házhoz, ahonnan jöttem.
I went to the house where I came from.

Péter ebédelt, amikor hazaértem.
Peter was eating lunch when I got home.

Sometimes the *a-* prefix of relative pronouns and adverbs can be left out:

Péter ebédelt, mikor hazaértem.
Peter was eating lunch when I got home.

26. Suffixes

A number of endings or suffixes carry special meanings. The most common are listed below:

Noun, Adjective → Verb

-ol/-el/-öl -l	to use some instrument	fésű: fésül to comb
-ász(ik)/ -ész(ik)	to catch, collect something	hal: halászik to fish
-ít	to make something	szép: szépít make something beautiful
-ul/-ül -od(ik)/-ed(ik)	become something	szép: szépül become beautiful

Verb → Noun, Adjective

-ás/-és	the action itself	olvas: olvasás reading
-tlan/-tlen -atlan/-etlen	"oppositeness"	vár: váratlan unexpected
-ó/	active participle	sír: síró crying
-ott/-ett/-ött -t	passive participle	tör: törött broken
-va/-ve	deverbal adverb	tréfál: tréfálva jokingly

Noun, Adjective → Noun, Adjective

-ság/-ség	-ness	fehér: fehérség whiteness
-ka/-ke/ -cka/-cske	diminutive	malac: malacka piglet
-né	Mrs.	Nagy László: Nagy Lászlóné
-tlan/-tlen -talan/-telen	without some quality	hű: hűtlen unfaithful
-i	belonging somewhere	Pécs: pécsi of Pécs

27. Sentences and Constructions: Negatives, Word Order, *van*

Negatives

Negatives are formed with *nem* "no, not," which usually precedes the word it modifies:

Amerikába mentem meglátogatni a barátomat.
I went to America to visit my friend.

Nem mentem **Amerikába meglátogatni a barátomat.**
I didn't go to America to visit my friend (= I didnt go at all).

Nem Amerikába **mentem meglátogatni a barátomat.**
I didn't go to America to visit my friend (= not to America).

Nem a barátomat meglátogatni **mentem Amerikába.**
I didn't go to America to visit my friend (= not to visit my friend).

With imperatives, *ne* is used instead of *nem*:

Ne menj el!
Don't go away!

Ne is lássalak!
I don't want to see you.

Note that the negative of the verb *van* in the third person singular present is *nincs* if *van* is used in the sense of "have" or if it is followed by an adverbial, usually of place:

Pálnak nincs repülője.   Paul does not have a plane.
Klára nincs Amerikában.   Claire is not in America.

Word Order

The principles governing Hungarian word order are different from those in English. The sequence of words in a Hungarian sentence may vary considerably, but the word or phrase that carries the essential piece of new information (called focus), the emphasis of the sentence, as it were, always immediately precedes the conjugated verb (in the following examples the focus is capitalized):

ÉN akarok beszélni Kristóffal.
I want to talk to Christopher.

Én BESZÉLNI akarok Kristóffal.
I want to TALK to Christopher.

Én KRISTÓFFAL akarok beszélni.
I want to talk to CHRISTOPHER.

The position of the verbal prefix (see Chapter 13) depends on the focus of the sentence. A verbal prefix is in initial position in the word if the verb is in focus, or if there is no emphasis in the sentence:

Én ELTESZEM a leveleimet.
I'LL KEEP my letters. (I don't throw them out.)

Holnap felpróbálom.
I'll try it on tomorrow.

Yes-no questions always have this word order:

Felveszi valaki a telefont?
Will someone pick up the phone?

If another word or phrase is in focus, the verbal prefix follows the verb (this always happens if the verb is negated, because anything negative tends to be the focus):

A MÁSIK KÖNYVET olvasom el.
I'll read THE OTHER BOOK.

NEM veszem fel a telefont.
I WILL NOT pick up the phone.

Imperatives always have this word order:

Olvasd el a könyvet!
Read the book!

Vedd fel a telefont!
Pick up the phone!

Some words can come between the verbal prefix and the verb if the verb and the prefix are the focus of the sentence. Some of them are:

akar	want
fog	will
kell	have to
lehet	may be
szeretne	would like to
szokott	have the habit
tud	can, be able to

Abba akarom hagyni.
I want to stop doing it.

Mária meg fogja tanulni.
Maria will learn it.

Meg tudod csinálni.
You can do it.

However, there is no separation if any other part of the sentence is the focus and the words in question come between the focus and the prefix + verb combination:

JÚLIA fogja megtanulni.
JULIA will learn it.

NEM tudod megcsinálni.
You CANNOT do it.

MÁST akarok abbahagyni.
I want to stop doing SOMETHING ELSE.

Constructions Involving *van*

The possessive meaning "to have, to possess" is expressed by the verb *van*.

The possessor is in the dative (if it appears in the sentence) and the possessed thing takes the possessive ending agreeing with the person of the possessor:

Nekem van egy kutyám.	I have a dog.
Neked van egy kutyád.	You (sg) have a dog.
Neki van egy kutyája.	She/he/it has a dog.
Nekünk van egy kutyánk.	We have a dog.
Nektek van egy kutyátok.	You (pl) have a dog.
Nekik van egy kutyájuk.	They have a dog.

In the 3rd person singular the negation of *van* is *nincs*. The 3rd person plural forms are *vannak* and *nincsenek* respectively. (The verb has to agree in number with the number of the possessed):

Neked vannak kutyáid.	You (sg) have dogs.
Neked nincsenek kutyáid.	You (sg) don't have dogs.

The verb *van* (or its negation *nincs)* does not appear in the 3rd person singular and plural in the present tense in sentences where it means "be" and it has a subject complement noun or adjective.

Compare:

Én szerény vagyok.	I am modest.
Ő szerény volt.	He was modest.
Ő szerény lesz.	He will be modest.

with

Ő szerény.	He is modest.
Ő nem szerény.	He is not modest.

Van, vannak are retained if they receive emphasis in comparative sentences:

Péter VAN olyan okos, mint Tamás.
Peter IS as clever as Thomas.

Compare the unemphatic:

Péter olyan okos, mint Tamás.
Peter is as clever as Thomas.

Van, vannak, nincs, nincsenek appear in sentences asserting that something exists or does not exist:

Van élet a Marson.
There is life on Mars.

Nincsenek boszorkányok.
Witches do not exist.

Van occurs in other existential sentences like the following:

8 óra van.	It's 8 o'clock.
Dél van.	It's noon.
Péntek van.	It's Friday.
Július van.	It's July.
1996 van.	It's 1996.

Meleg van.	It's hot.
Hideg van.	It's cold.
Vihar van.	There's a storm.
Szél van.	There's a wind blowing.
Buli van.	There's a party.
Baj van.	There's something wrong.

Note that *van* is not left out in the 3rd person present if it means "to have, possess, made of," or if there is an adverbial of place:

Neki van egy tolla.	He/she has a pen.
Ő a szobában van.	He/she is in the room.
A kés acélból van.	The knife is made of steel.

28. Time

Times of the Day

nap	day
napszak	time of day
mindennap	every day
naponta	daily
napi	daily (*used in compound words, such as* **napilap,** *daily newspaper*)
nappal	in the daytime, during the day
reggel	morning, in the morning
délelőtt	morning, forenoon, in the morning
dél	noon, noontime (*not necessarily 12:00 p.m. sharp*)
délben	at noon
délután	afternoon, in the afternoon
este	evening, in the evening
éjjel, éjszaka	night, at night
éjfél	midnight
éjfélkor	at midnight

Days of the Week

hét	week
hetente, hetenként	weekly, every week
heti	weekly (*used in compound words, such as* **hetilap,** *weekly magazine*)
hétfő	Monday
kedd	Tuesday
szerda	Wednesday
csütörtök	Thursday
péntek	Friday
szombat	Saturday
vasárnap	Sunday, on Sunday
minden hétfőn	every Monday
minden kedden	every Tuesday

minden vasárnap	every Sunday
jövő szerdán	next Wednesday
jövő szombaton	next Saturday
jövő vasárnap	next Sunday
múlt kedden	last Tuesday
kéthete vasárnap	the previous Sunday (two weeks ago)
hétfőnként	Mondays, every Monday
keddenként	Tuesdays, every Tuesday
csütörtökönként	Thursdays, every Thursday
vasárnaponként	Sundays, every Sunday
hétfőn	on Monday
kedden	on Tuesday
szerdán	on Wednesday
csütörtökön	on Thursday
pénteken	on Friday
szombaton	on Saturday

Months

hónap	month
havonta, havonként	monthly, every month
havi	monthly (*used in compound words, such as* **havilap,** *monthly journal, or* **havi bérlet,** monthly ticket, *etc.*)
január	January
február	February
március	March
április	April
május	May
június	June
július	July
augusztus	August
szeptember	September
október	October
november	November
december	December
januárban	in January
júniusban	in June
minden augusztusban	every August
jövő áprilisban	next April
múlt decemberben	last December
két éve novemberben	the previous November (two years ago)

Seasons

évszak	season	ebben az évszakban	(in) this season
tavasz	spring	tavasszal	in (the) spring
nyár	summer	nyáron	in (the) summer
ősz	autumn, fall	ősszel	in (the) autumn, fall
tél	winter	télen	in (the) winter
tavaszi	spring	(adjective)	
nyári	summer	(adjective)	
őszi	fall	(adjective)	
téli	winter	(adjective)	

minden tavasszal, tavaszonként	every spring
minden nyáron, nyaranként, nyaranta	every summer
minden ősszel, őszönként	every fall
minden télen, telenként, telente	every winter
múlt nyáron	last summer
jövő tavasszal	next spring
két éve ősszel	two years ago in the fall

The Year

év	year
minden évben	every year
évenként, évente	yearly
évi, éves	yearly, annual (*used in compound words, such as* **évi jelentés**, annual report, *or* **éves jövedelem**, yearly income)
évtized	decade
évszázad	century
évezred	millennium

Telling Time

Hány óra (van)?	What time is it?
Három.	It is three.
Negyed három.	It is a quarter past/after two.
Fél három.	It is half past two.
Háromnegyed három.	It is a quarter to three.
Tíz perccel múlt két óra/kettő./ Két óra/kettő múlt tíz perccel.	
	It is ten past/after two.

Öt perccel múlt negyed három./ **Negyed három múlt öt perccel.**
It is twenty past/after two.
Tíz perc múlva fél három./ **Fél három lesz tíz perc múlva.**
It is twenty past/after two.
Öt perccel múlt fél három./ **Fél három múlt öt perccel.**
It is twenty-five to three.
Tíz perc múlva háromnegyed három./ **Háromnegyed három lesz tíz perc múlva.**
It is twenty-five to three.
Nyolc perc múlva három./ **Három lesz nyolc perc múlva.**
It is eight minutes to three.
Hét perccel múlt háromnegyed három.
It is eight minutes to three.

As can be seen from the examples above, in colloquial Hungarian it is possible to tell the time in relation to every quarter of an hour: you only have to say how many minutes it is past or to a specific quarter of an hour. However, you can only add **óra** when you refer to the full hour: **Két óra van.** It is two (o'clock). **Már tizenegy óra van.** It is already eleven (o'clock). **Még csak öt perccel múlt három (óra).** It is only five past three (o'clock).

But you cannot say * **Háromnegyed öt óra van.** It is a quarter to five (o'clock).

Kilenc húsz. (9:20)   It is 9:20.
Délelőtt kilenc húszkor érkezem.   I will arrive at 9:20 a.m.
Este kilenc húszkor érkezem.   I will arrive at 9:20 p.m.
Három negyvenöt. (3:45)   It is 3:45.

You can always use this construction though it sounds slightly technical. It only sounds natural if it refers to arrivals or departures.

Hajnali három negyvenötkor kell indulnia.
He will have to leave at 3:45 a.m.

A vonat huszonegy (óra) tizenhét (perc)kor indul.
The train leaves at 21:17.

Telling time according to a 24-hour clock is used for official purposes. You can add *óra* "hour" and *perc* "minute" but you may also skip them.

In any of these cases, *óra* or *perc* is never in the plural.

Dates

Milyen nap van ma? What day is it today?
Hányadika van ma? What is the date today?
Ma péntek van, ezerkilencszázkilencvenöt január tizenharmadika. (1995. január 13.) Today is Friday, January 13th 1995.
Mikor van a születésnapod? When is your birthday?
Július hetedikén (van a születésnapom). My birthday is on July 7th.
Milyen napon születtél? On what day were you born?
Szombaton. I was born on a Saturday.

Other time expressions

idő	time
ma	today
mai	of today
tegnap	yesterday
tegnapi	of yesterday
holnap	tomorrow
holnapi	of tomorrow
holnapután	the day after tomorrow
tegnapelőtt	the day before yesterday
ma reggel	this morning
ma este	this evening, tonight
holnap délben	tomorrow at noon
tegnap éjjel	last night
most	now
akkor	then
mindig	always
néha	seldom
néha-néha/ időnként	now and then
egyszer-egyszer	once in a while
alkalmanként	occasionally
gyakran	often
ritkán	rarely
soha	never
hányszor?	how many times?
egyszer	once, one time
kétszer	twice, two times
háromszor	three times
tizenhétszer	seventeen times

százszor	a hundred times
az első alkalom	the first time
az első alkalommal	for the first time
először	for the first time
másodszor	for the second time
tizedszer	for the tenth time
századszor	for the hundredth time
az utolsó alkalom	the last time
az utolsó alkalommal, utoljára	for the last time
legközelebb	the next time

29. Vocabulary Lists

Territorial Divisions

főváros capital
haza homeland
kerület district
megye county
ország land, country
város city, town, urban area
vidék country, countryside

Magyar Köztársaság the Hungarian Republic, the Republic of Hungary

Commonly used words and Phrases

Köszöntések   Greetings

Jó napot! / Jó napot kívánok! Hello! Good day!
Jó reggelt! / Jó reggelt kívánok! Good morning!
Jó estét! / Jó estét kívánok! Good evening!
Jó éjszakát! / Jó éjszakát kívánok! Good night!
Szép álmokat! Sweet dreams!
Aludj jól! Sleep well!
Szia! / Szervusz! / Szevasz! Hi! Hello! and also Good-bye! (informal)
Viszontlátásra! Good-bye!
Egészségére! To your health! (formal)
Egészségedre! To your health! Cheers! (informal)
Jó étvágyat! Bon appetit!
Gratulálok! Congratulations!
Utazzon jól! Have a nice trip!
Minden jót! Good luck!
Sok sikert! Wish you success!
Kéz és lábtörést! Good luck!
Érezd magad jól! Have a good time! Enjoy your stay!
Kész, tűz, rajt! Ready, steady, go!
Rajta! Go!

Kérdés – felelet   Responses

Igen. Yes.
Nem. No.
Talán. Perhaps.
Dehogynem. Yes, definitely. (contradicts negatives)
Persze. Hát persze. Sure.
Hogyne. Hát hogyne. Sure.
Természetesen. Certainly.
Attól függ. It depends.
Semmi közöd hozzá. / Mi közöd hozzá? That is none of your business.
Tessék? / Hogyan? Excuse me?
Tessék. / Tessék, parancsolj(on). Here you are.
Köszönöm. Thank you.
Köszönöm szépen. Thank you very much. Thanks a lot.
Kösz. / Köszi. Thanks. (informal)
Nagyon kösz. Thanks a lot.
Szívesen. You are welcome.
Szóra sem érdemes. Don't mention it.
Minden jót. All the best.
Neked is. / Magának is. Same to you.
Na és? So what?
Tényleg? Really?
Komolyan? Really? Oh, really?
Na, látod! / Na, látja! Now, you see.
Szóval,... Well... Now then...
Vigyázz! Watch out!
Vigyázz (magadra)! Be careful! Take care of yourself!
Ami engem illet, ... As far as I am concerned ...
Bocsánat! / Elnézést! Excuse me!
Bocsánat! / Elnézést! / Ne haragudj(on)! I'm sorry! Pardon me!
Hogyhogy? How come?
Na, jó. All right! It's decided.
Csend! / Csendet! / Csend legyen! / Csendet kérek! Silence! Be quiet!
Segítség! Help!
Badarság! Nonsense!
Marhaság! Nonsense!

Family

férj   husband
feleség   wife
házaspár   married couple
szülők   parents
nagyszülők   grandparents
nagybácsi   uncle
nagynéni   aunt
Totyi néni   Aunt Totyi
Zozi bácsi   Uncle Zozi
gyerek   child
fiú   boy, son
fia   her/his son
lány   girl, daughter
lánya   her/his daughter
testvér   sibling
fivér   brother
öcs   younger brother
báty   older brother
húg   younger sister
nővér   older sister
ikrek   twins
sógor   brother-in-law
sógornő   sister-in-law
unokatestvér   cousin
unoka   grandchild
rokon   relative

Characteristics

tulajdonság   characteristic

barátságos   friendly
bölcs   wise
bolond   crazy
buta   dumb, stupid
csendes, csöndes   quiet
csinos   pretty
csúnya   ugly
drága   expensive
dühös   angry
durva   rough, uncouth
ellenséges   hostile
érdekes   interesting
fárasztó   tiresome
feldobott   eager, thrilled, excited
feszült   tense

fiatal   young
gazdag   rich
gonosz   bad, evil
hangos   loud, noisy
helytelen   false, wrong
hűséges   true, faithful
igaz   true
izgatott   excited
jó   good
kedves   nice
kemény   hard
késői, megkésett   late
kimerít   exhausting
könnyű   easy; light
közeli   near, nearby
lusta   lazy
néhai, a néhai X.Y.   the late X.Y.
nehéz   heavy; difficult
nyers   raw
nyugodt   peaceful, quiet
okos   intelligent, smart, clever
olcsó   cheap
öreg   old
őrült   insane
ostoba   dumb, stupid
pontos   on time, punctual
puha   soft
régi   old
rossz   bad, false, wrong
szegény   poor
szellemes   witty
szép   beautiful, pretty
szerencsés   lucky, fortunate
szerencsétlen   unlucky, unfortunate
szorgalmas   hard-working, industrious
távoli   distant
új   new
unalmas   boring
vad   wild
vén   ancient, old

Colors

szín   color
színes   colorful
színtelen   colorless

világos light
sötét dark
élénk bright, loud (color)
barna brown
fehér white
fekete black
ibolya violet
kék blue
lila purple
narancs orange
piros red
rózsaszín pink
sárga yellow
szürke grey
vörös red
zöld green

Size

Méret size

alacsony short (not tall)
apró tiny
erős strong
gyenge weak
hatalmas huge
hosszú long
keskeny narrow
kicsi small, short
kövér fat
magas tall
mély deep
nagy big, great, large
óriási giant
rövid short
sovány thin
széles wide
vékony thin

The Weather (nouns)

Idő, időjárás weather

eső rain
fagypont the freezing point
felhő cloud
felhőzet cloudiness, overcast conditions
fok (Celsius-fok) degree (centigrade)

forráspont the boiling point
havazás snowfall
hideg cold
hó snow
hőhullám heat-wave
hőmérséklet temperature
hőség heat
jégeső hail
köd fog
meleg warmth
nap sun
napsütés sunshine
párásság haze
páratartalom humidity
vihar storm

The Weather (adjectives)

esős rainy
felhős cloudy
forró hot
friss fresh, brisk
hűvös chilly, cool
hideg cold
ködös foggy
meleg warm
nedves wet; muggy
párás hazy; humid
tiszta clear

Everyday objects

hétköznapi tárgyak everyday objects

bélyeg stamp
boríték envelope
ceruza pencil
jegyzetfüzet notebook
könyv book
kréta chalk
levél letter (to mail)
papír, papiros paper
pecsét rubber stamp
radír eraser
szivacs sponge
tábla blackboard
tárgy object
toll pen

The House

ház house

ajtó door
bejárat entrance
dolgozószoba study
ebédlő dining room
fal wall
folyosó corridor
fürdőszoba bathroom
garázs garage
hálószoba bedroom
ház house
helyiség room
kapu gate
kert garden, yard
kijárat exit
konyha kitchen
kulcs key
mennyezet ceiling
nappali living room, sitting room
padló floor
plafon ceiling
szoba room
zár lock

The Room

szoba room

ablak window
ágy bed
asztal table
bútor furniture
franciaágy double bed
függöny curtain, drape
hokedli stool
íróasztal desk
karosszék armchair
könyvespolc bookcase
lámpa lamp
óra clock, watch
pamlag sofa
párna cushion
sarok corner
szék chair

szőnyeg rug, carpet
terem large room
tükör mirror

The Bed

ágy bed

ágynemű sheet and pillowcase
lepedő sheet
matrac mattress
párna pillow
takaró blanket

The Table

asztal table

abrosz tablecloth
asztalterítő tablecloth
bors pepper
cukor sugar
csésze cup
csészealj saucer
ecet vinegar
edények pots and pans
étkészlet plates, bowls, cups and
saucers
evőeszköz silverware, cutlery
kanál spoon
kés knife
lapos tál platter
leveses tál soup bowl
merőkanál ladle
olívaolaj olive oil
paprika pepper
pohár glass
só salt
szalvéta napkin
(mély) tál bowl
tányér plate
villa fork

Beverages

ital drink, beverage

ásványvíz mineral water

ásványvíz buborék nélkül   mineral water without gas
ásványvíz buborékkal   mineral water with gas
bor wine
kakaó cocoa
kávé coffee
limonádé lemonade
narancslé orange juice
sör beer
tea tea
tej milk
üdítő (ital) soft drink
víz water

Meat

hús meat

bárány(hús) lamb
bélszín beef tenderloin
borjú(hús) veal
disznó(hús) pork
kolbász sausage
marha(hús) beef
sonka ham
sült roast
szalonna bacon
ürü(hús) mutton

Poultry

szárnyas poultry, fowl

csirke chicken
kacsa duck
liba goose
pulyka turkey

Fish

hal fish

angolna eel
harcsa catfish
lazac salmon
pisztráng trout
ponty carp

Vegetables

zöldségek vegetables

bab bean
borsó pea
burgonya potato
fokhagyma garlic
hagyma onion
káposzta cabbage
karfiol cauliflower
kelbimbó brussels sprouts
krumpli potato
lencse lentil
paradicsom tomato
(sárga)répa carrot
(fejes)saláta lettuce
tök squash
torma radish
uborka cucumber

Animals

állat animal

béka frog
birka sheep
csirke chicken
egér mouse
elefánt elephant
farkas wolf
fecske swallow
galamb pigeon
hal fish
kacsa duck
kakas rooster
kígyó snake
kutya dog
ló horse
macska cat
madár bird
majom monkey
medve bear
mókus squirrel
oroszlán lion
patkány rat
pulyka turkey
róka fox

sas eagle
szamár donkey
szarvas deer
tehén cow
tigris tiger
tyúk hen
veréb sparrow

Insects

rovar insect

bolha flea
hangya ant
légy fly
méh bee
pillangó butterfly
pók spider
szöcske grasshopper
szúnyog mosquito
tücsök cricket

Trees

fa tree

ág branch, twig
dió(fa) walnut
fenyő(fa) spruce, fir
gesztenye(fa) chestnut
gyökér root
juhar(fa) maple
kéreg bark
nyár(fa) poplar
nyír(fa) birch
pálma(fa) palm
tölgy(fa) oak
törzs trunk

Plants and Flowers

növény plant
virág flower

csokor bouquet
dália dahlia
fű grass
levél leaf

liliom lily
nefelejcs forget-me-not
orgona lilac
pipacs poppy
rózsa rose
százszorszép daisy
szegfű carnation
tulipán tulip

Grains

magvak grains
gabonafélék cereal grains

árpa barley
búza wheat
kukorica corn
rizs rice
rozs rye
zab oat

Fruits

gyümölcs fruit

áfonya cranberry
alma apple
ananász pineapple
banán banana
citrom lemon
cseresznye cherry
datolya date
egres gooseberry
eper strawberry
füge fig
görögdinnye watermelon
kajszi(barack) apricot
körte pear
málna raspberry
meggy sour cherry
narancs orange
(őszi)barack peach
ribizli currant
sárgabarack apricot
sárgadinnye melon
szilva plum
szőlő grape

Food and Meals

étkezés meal time
ennivaló food
táplálék nourishment

desszert dessert
ebéd lunch
édesség dessert
étel meal, dish
étlap menu
fagylalt ice cream
főétel main course, main dish
frissítő refreshment
kenyér bread
lekvár jam, marmalade
leves soup
méz honey
péksütemény pastry, baked goods
reggeli breakfast
sajt cheese
saláta salad
tojás egg
torta cake, pie, pastry
vacsora supper
vaj butter
zsemle roll

The Earth, the Globe

föld earth

áramlás stream
barlang cave
ég sky
erdő woods, forest
félsziget peninsula
fok cape
föld earth, soil, ground
földrész continent
folyó river
föveny beach
halastó fish pond
hegy mountain, hill
hegység mountain range
lápvidék marshland
légkör atmosphere
levegő air
mező meadow

mocsár swamp, marsh
öböl bay
óceán ocean
part coast, shore
sivatag desert
sziget island
táj landscape, scenery
talaj earth, soil, ground
tenger sea
tengerpart beach
tó lake, pond
völgy valley

The City, the Town

város city, town

bank bank
étterem restaurant
falu village
gyár factory
iskola school
járda sidewalk
kikötő port, harbor
kisváros town
könyvtár library
kórház hospital
közlekedési lámpa traffic lights
mozi movie theater
múzeum museum
nagyváros city
ösvény path
pad bench
park park
stadion stadium
sugárút avenue
székesegyház cathedral
színház (drama) theater
temető cemetery
templom church
tér square
út road
utca street
üzem factory
város town, city
városháza city hall
vendéglő restaurant

Shopping

vásárlás shopping

ábc supermarket
áruház department store
bevásárló központ shopping center
bolt shop, store
cukrászda pastry shop
gyógyszertár pharmacy, drugstore
kávéház café
kocsma pub
könyvesbolt bookstore
mosoda laundry, laundromat
patyolat dry cleaner
pékség bakery
piac market
szatyor shopping bag
tisztító dry cleaner
üzlet shop, store; business
zacskó paper bag

Transportation

közlekedés transportation

autó car
autópálya freeway
bejárat entrance
busz bus
csónak boat
dugó traffic jam
forgalom traffic
gépkocsi car
gyalogos pedestrian
hajó ship
jármű vehicle
kerékpár, bicikli bicycle
kereszteződés crossing, junction
kijárat exit
metró subway
megállóhely stop, station
motor, motorbicikli, motorkerékpár
    motorcycle
pályaudvar, vasútállomás railroad
    station
repülő(gép) (air)plane
repülőtér airport

taxi taxi
teherautó truck
villamos streetcar
vonat railroad

Travel

utazás trip, journey, travel ·

(vasút)állomás railroad station
ablak melletti ülés window seat
bőrönd suitcase
diákszálló youth hostel
érkezés arrival
étkezőkocsi dining car
hálókocsi sleeping car, pullman car
hely seat
hordár porter
indulás departure
jegy ticket
kalauz conductor
kocsi car
látnivaló sight
lift elevator
menetrend timetable
mozdony engine (of train)
peron platform
poggyász luggage
szálloda hotel
utazótáska travel bag
vágány track, platform
vonat train

The Human Body

test body

agy brain
ajak lip
áll(kapocs) jaw
arc cheek
boka ankle
bőr skin
csont bone
csukló wrist
epe spleen
ér vein
fej head

fejbőr scalp
fog tooth
fül ear
gerincoszlop spinal column
gyomor stomach
haj hair
has abdomen, belly
hát back
hólyag bladder
homlok forehead
ideg nerve
kar arm
kéz hand
könyök elbow
köröm nail
láb(fej) foot
láb(szár) leg
lábujj toe
máj liver
mell breast
mellkas chest
nyak neck
nyelv tongue
orr nose
száj mouth
szem eye
szív heart
térd knee
tüdő lung
ujj finger
váll shoulder
vérkeringés circulatory system
vese kidney

Clothing

öltözködés clothing

alsónemű, fehérnemű underware
blúz blouse
cipő shoe, shoes
csizma boots
harisnya stockings, panty hose
ing shirt
kabát coat
karóra wristwatch
nadrág trousers

nagykabát overcoat
nyakkendő tie
pulóver sweater
retikül handbag, purse
ruha dress
szoknya skirt
táska, kézitáska handbag
zokni sock
térdharisnya knee high socks
zseb pocket
zsebkendő handkerchief

Studies

tantárgyak studies

algebra algebra
biológia biology
festés painting
fizika physics
földrajz geography
geometria geometry
idegen nyelv foreign language
kémia chemistry
matematika math
növénytan botany
osztály class
rajz drawing
(tan)tárgy school subject
torna physical education
történelem history

Professions and Trades

foglalkozás profession

(autó)szerelő mechanic
ács carpenter
ápoló(nő) nurse
bankár banker
cipész, suszter shoemaker
eladó salesperson
építész(mérnök) architect
fényképész photographer
festő painter
fodrász barber, hairdresser
fogorvos dentist
hentes butcher

író writer, author
katona soldier
kereskedő merchant
könyvelő bookkeeper
mérnök engineer
orvos doctor
pap priest
patikus pharmacist
pék baker
pilóta aviator, flyer
postás postman
professzor professor
rendőr policeman, policewoman,
        police officer
szabó tailor
szemész optometrist
színész actor
színésznő actress
tanár teacher, professor
tengerész sailor
titkár(nő) secretary
ügyvéd lawyer
újságíró journalist
villanyszerelő electrician
virágárus florist
vízvezetékszerelő plumber
zenész musician

Materials

anyag material

acél steel
aluminium aluminium
arany gold
bőr leather
bronz bronze
cement cement
ezüst silver
fa wood
fém metal
gumi rubber
gyapjú wool
márvány marble
réz copper
selyem silk
tégla brick

üveg glass
vas iron
vászon linen

Units of Measurement

mértékegységek units of measurements

centiméter centimeter
deka(gramm) ten grams
fél kiló half a kilo (approx. one pound)
fél liter half a liter (approx. one pint)
gramm gram
köb- cubic
kiló kilogram
kilogramm kilogram
kilométer kilometer
láb foot
liter liter
mázsa one hundred kilos
mérföld mile
méter meter
négyzet- square
tonna ton

Holidays

ünnepnap holiday
ünneplés celebration

Boldog Karácsonyt! Merry Christmas!
Boldog Új Évet! Happy New Year!
hamvazószerda Ash Wednesday
húsvét Easter
iskolai szünet holidays, vacation
karácsony Christmas
Karácsony este, Szent este Christmas
        Eve
Kellemes Ünnepeket! Happy Holidays!
Mikulás Saint Nicholas's Day
        (December 6)
nagycsütörtök Holy Thursday
nagyhét Holy Week
nagypéntek Good Friday
nyaralás summer holidays, summer
        vacation
pünkösd Pentecost
szabadság vacation

szilveszter New Year's Eve
új év napja New Year's Day
ünnep holiday, festival
vízkereszt Epiphany (January 6)

Forms of Address

megszólítás form of address
cím, titulus title
úr Mr.
Uram! Sir!
asszony Mrs.
Asszonyom! Ma'am!
hölgy lady
Hölgyem! Ma'am!
Kisasszony! Miss!
elnök president
Elnök úr! Mr. President!
Professzor úr! Professor!
Professzor asszony! Professor! (to a
woman)
Doktor úr! Doctor!
Doktornő Doctor! (to a woman)
tanár teacher, professor
Tanár úr! Professor! Sir! (to teacher or
professor)
Tanárnő! Miss/Mrs. X! (to a woman
teacher or professor)
miniszter government minister
Miniszter úr! Sir! (to a government
minister)
Miniszter Asszony! Ma'am! (to a
woman government minister)

Education

oktatás education
általános iskola elementary school
diák student
diploma diploma
doktorátus doctorate
egyetem university
egyetemista student (at a university)
érettségi vizsga comprehensive exam
(taken at the end of
high school)
fokozat degree
írásbeli (vizsga) written exam
iskolás student (at an elementary
school)
képzés training
kisiskolás, kisdiák student (in the first
years of elemen-
tary school)
középiskola high school
középiskolás student (at a secondary
school)
növendék student (at a music school)
órarend class schedule
óvoda kindergarten
szóbeli (vizsga) oral exam
tanulás learning, studying
tanuló, diák student
végzettség degree, qualification
vizsga examination
záróvizsga final examination

Index

Verb Index

This verb index will enable you to compare hundreds of commonly used verbs with the book's numerous verb tables. Each group of verbs gives page numbers where you can find the relevant type. Note that each tense and mood has its own verb types. By recognizing which common verbs follow a certain pattern, you will greatly increase your vocabulary—all at a glance.

The Present Tense Indefinite

Standard verbs

Ad, fej, and *öl* types form the largest group of verbs. (See p. 13.)

ad	give	**kap**	get, receive
akar	want	**képzel**	imagine
árul	sell	**kér**	ask for, request
bekapcsol	switch on	**kiabál**	shout, yell
bemutat	introduce	**kirándul**	hike
beszél	speak, talk	**kíván**	wish
csinál	do	**köhög**	cough
csókol	kiss	**köszön**	thank, greet
ebédel	have lunch	**köt**	knit, bind
énekel	sing	**lát**	see
fél	be afraid	**látogat**	visit
fizet	pay	**marad**	stay, remain
fog	catch	**meghal**	die
foglal	book, reserve	**megtud**	get to know, learn
folytat	carry on, continue	**mosogat**	wash dishes
fut	run	**mutat**	show
gondol	think	**nevet**	laugh
hallgat	listen	**nyel**	swallow
használ	use	**nyer**	win
horkol	snore	**örül**	be glad, be pleased
imád	adore, worship	**pihen**	rest
indul	leave	**próbál**	try
ismétel	repeat	**remél**	hope
jár	go frequently, attend	**repül**	fly

sétál   stroll, walk
síel   ski
siet   hurry
süt   bake, fry
szeret   like, love
szül   give birth
talál   find
táncol   dance
tanul   learn, study
tárgyal   negotiate
telefonál   telephone
tör   break

tud   know, be able to
un   be tired of, be bored with
utál   hate, dislike
ül   sit
vág   chop, cut
válaszol   answer
vár   wait
vasal   iron
vásárol   buy, shop, purchase
vezet   drive
vizsgál   examine

Verbs ending in a sibilant (i.e., sz, z, s, dz, or zs)

[See p. 14 for the definition of sibilant.] *Hoz, vés,* and *főz* types. (See p. 13.)

alkalmaz   apply, employ
befejez   finish
felez   halve, share
fényképez   take photographs
fűszerez   season
kérdez   ask
keres   look for, search

mos   wash
néz   look (at), watch
olvas   read
öntöz   water
permetez   spray
szervez   organize
tervez   plan, schedule

Verbs ending in two consonants or in -*ít*

Old, fest, and *küzd* types. (See p. 14.)

ajánl   recommend
díszít   decorate
épít   build
ért   understand, comprehend
felejt   forget
fordít   translate, turn over
hall   hear
hord   wear, carry
készít   make, prepare
kezd   begin, start

költ   spend (money)
küld   send
mond   say
szárít   dry
takarít   clean, do the rooms
tanít   teach
tart   hold
terít   lay the table
tölt   spend (time)
választ   choose

-*ik* final verbs

Note that some of the following verbs have a stem ending in a sibilant (e.g., the stem of *dolgozik* is *dolgoz*). With these both the -*ik* and the sibilant rules need to be applied (e.g., sg 1st: *dolgozom;* sg 2nd: *dolgozol;* sg 3rd: *dolgozik*). (See p. 34.)

aggódik   worry
dolgozik   work
érkezik   arrive
fésülködik   comb (oneself)
focizik   play football, soccer
kereskedik   trade
késik   be late
költözik   move house
lakik   live, dwell
mosakodik   wash (oneself)
napozik   sunbathe

öltözködik   dress (oneself)
panaszkodik   complain
reggelizik   have breakfast
születik   be born
találkozik   meet, meet up
teniszezik   play tennis
úszik   swim
utazik   travel
vacsorázik   have dinner/supper
veszekedik   quarrel

The Past Tense

See pp. 17–21.

Verbs taking the -*ott/-ett/-ött* variant of the past tense suffix in all persons

Indefinite: *ajánlottam, ajánlottál, ajánlott, ajánlottunk, ajánlottatok, ajánlottak*
Definite: *ajánlottam, ajánlottad, ajánlotta, ajánlottuk, ajánlottátok, ajánlották*

ajánl   recommend
díszít   decorate
épít   build
ért   understand, comprehend
felejt   forget
fut   run
hall   hear
hallgat   listen
hord   wear
játszik   play
javít   repair
készít   make, prepare

költ   spend (money)
köt   knit, bind
műt   operate
segít   help
süt   bake, fry
szárít   dry
tanít   teach
tart   hold
terít   lay the table
tölt   spend (time)
választ   choose

Verbs taking the vowelless -*t* variant of the past tense suffix in all persons

Indefinite: *énekeltem, énekeltél, énekelt, énekeltünk, énekeltetek, énekeltek*
Definite: *énekeltem, énekelted, énekelte, énekeltük, énekeltétek, énekelték*

akar want	**nyel** swallow
árul sell	**nyer** win
bekapcsol switch on	**örül** be glad, be pleased
beszél speak, talk	**pihen** rest
csinál do	**próbál** try
csókol kiss	**remél** hope
ebédel have lunch	**repül** fly
énekel sing	**sétál** stroll, walk
fél be afraid	**síel** ski
foglal book, reserve	**szül** give birth
gondol think	**talál** find
használ use	**táncol** dance
horkol snore	**tanul** learn, study
indul leave	**tárgyal** negotiate
ismétel repeat	**telefonál** telephone
jár go frequently, attend	**tör** break
képzel imagine	**un** be tired of, be bored with
kér ask for, request	**utál** hate, dislike
kiabál shout, yell	**ül** sit
kirándul hike	**válaszol** answer
kíván wish	**vár** wait
köszön thank, greet	**vasal** iron
marad stay	**vásárol** buy, shop, purchase
meghal die	**vizsgál** examine

Verbs taking the vowelless -*t* variant of the past tense suffix in all persons except for the 3rd person singular indefinite, which takes the -*ott/-ett/-ött* variant of the past tense suffix

Indefinite: *küldtem, küldtél, küldött, küldtünk, küldtetek, küldtek*
Definite: *küldtem, küldted, küldte, küldtük, küldtétek, küldték*

ad give
aggódik worry
befejez finish
bemutat introduce
dolgozik work
érkezik arrive
fényképez take photographs
fésülködik comb (oneself)
fizet pay
focizik play football, soccer
fog catch
folytat carry on, continue
imád adore, worship
kap get, receive
kérdez ask
keres look for, search
kereskedik trade
késik be late
kezd begin, start
köhög cough
költözik move house
küld send
lakik live, dwell
lát see
látogat visit
megtud get to know, learn

mond say
mos wash
mosakodik wash (oneself)
mosogat wash dishes
mutat show
napozik sunbathe
nevet laugh
néz look (at), watch
olvas read
öltözködik dress (oneself)
panaszkodik complain
reggelizik have breakfast
siet hurry
szeret like, love
szervez organize
születik be born
találkozik meet, meet up
teniszezik play tennis
tervez plan, schedule
tud know, be able to
úszik swim
utazik travel
vacsorázik have dinner/supper
vág chop, cut
veszekedik quarrel
vezet drive

The Present Conditional

See pp. 22–24.

Verbs taking the vowelless -*n* variant of the conditional suffix

ad   give
aggódik   worry
akar   want
alkalmaz   apply, employ
árul   sell
befejez   finish
bekapcsol   switch on
bemutat   introduce
beszél   speak, talk
csinál   do
csókol   kiss
dolgozik   work
ebédel   have lunch
énekel   sing
érkezik   arrive
fél   be afraid
felez   halve, share
fényképez   take photographs
fésülködik   comb (oneself)
fizet   pay
fog   catch
foglal   book, reserve
folytat   carry on, continue
fut   run
fűszerez   season
gondol   think
hallgat   listen
használ   use
horkol   snore
imád   adore, worship
indul   leave
ismétel   repeat
jár   go frequently, attend
kap   get, receive
képzel   imagine
kér   ask for, request
kérdez   ask
keres   look for, search

kereskedik   trade
késik   be late
kiabál   shout, yell
kirándul   hike
kíván   wish
köhög   cough
költözik   move house
köszön   thank, greet
köt   knit, bind
lakik   live, dwell
lát   see
látogat   visit
marad   stay
meghal   die
megtud   get to know, learn
mos   wash
mutat   show
napozik   sunbathe
nevet   laugh
néz   look (at), watch
nyel   swallow
nyer   win
olvas   read
öntöz   water
örül   be pleased, be glad
panaszkodik   complain
permetez   spray
pihen   rest
próbál   try
reggelizik   have breakfast
remél   hope
repül   fly
sétál   stroll, walk
síel   ski
siet   hurry
süt   bake, fry
szeret   like, love
szervez   organize

szül give birth	**utál** hate
születik be born	**utazik** travel
talál find	**ül** sit
találkozik meet, meet up	**vacsorázik** have dinner/supper
táncol dance	**vág** chop, cut
tanul learn, study	**válaszol** answer
tárgyal negotiate	**vár** wait
telefonál telephone	**vasal** iron
tervez plan, schedule	**vásárol** buy, shop, purchase
tör break	**veszekedik** quarrel
tud know, be able to	**vezet** drive
úszik swim	**vizsgál** examine

Verbs taking the vowel initial -an/-en variant of the conditional suffix

ajánl recommend	**küld** send
díszít decorate	**mond** say
épít build	**szárít** dry
ért understand, comprehend	**tanít** teach
felejt forget	**tart** hold
hord wear, carry	**terít** lay the table
készít make, prepare	**tölt** spend (time)
kezd begin, start	**választ** choose
költ spend (money)	

The Conjunctive-Imperative

Verbs taking the -j suffix before the personal suffixes

Ad, fej, and *öl* types. (See p. 26.)

ad give	**fésülködik** comb (oneself)
aggódik worry	**fog** catch
ajánl recommend	**foglal** book, reserve
akar want	**gondol** think
árul sell	**hall** hear
bekapcsol switch on	**használ** use
beszél speak, talk	**hord** wear, carry
csinál do	**horkol** snore
csókol kiss	**imád** adore, worship
ebédel have lunch	**indul** leave
énekel sing	**ismétel** repeat
fél be afraid	**jár** go frequently, attend

kap   get, receive
képzel   imagine
kér   ask for, request
kereskedik   trade
kiabál   shout, yell
kirándul   hike
kíván   wish
köhög   cough
köszön   thank, greet
küld   send
lakik   live, dwell
marad   stay
meghal   die
megtud   get to know, learn
mond   say
mosakodik   wash (oneself)
nyel   swallow
nyer   win
örül   be glad, be pleased
panaszkodik   complain
pihen   rest

próbál   try
remél   hope
repül   fly
sétál   stroll, walk
síel   ski
szül   give birth
talál   find
táncol   dance
tanul   learn, study
tárgyal   negotiate
telefonál   telephone
tör   break
tud   know, be able to
utál   hate
ül   sit
vág   chop, cut
válaszol   answer
vár   wait
vasal   iron
veszekedik   quarrel

Verbs ending in a sibilant (i.e., s, sz, z, zs, and dz)

Hoz, vés, and *főz* types. (See p. 26.)

alkalmaz   apply, employ
befejez   finish
felez   halve, share
fényképez   take photographs
fűszerez   season
kérdez   ask
keres   look for, search

mos   wash
néz   look (at), watch
olvas   read
öntöz   water
permetez   spray
szervez   organize
tervez   plan, schedule

Verbs ending in a short vowel + *t*

Alkot, fizet, and *üt* types. (See p. 29.)

bemutat   introduce
folytat   carry on, continue
fut   run
hallgat   listen
köt   knit, bind
látogat   visit
mosogat   wash dishes

mutat   show
nevet   laugh
siet   hurry
süt   bake, fry
szeret   like, love
vezet   drive

Verbs ending in a consonant + *t* or a long vowel + *t*

Ront, sért, and *önt* types. (See p. 30.)

díszít   decorate
épít   build
ért   understand, comprehend
felejt   forget
készít   make, prepare
költ   spend (money)

szárít   dry
tanít   teach
tart   hold
terít   lay the table
tölt   spend (time)

Verbs ending in *st* or *szt*

Oszt and *fest* types. (See p. 31.)

elmulaszt   miss, neglect
elveszt   lose
fáraszt   tire
fejleszt   develop, generate
halaszt   postpone

maraszt   ask to stay (longer)
ragaszt   stick, glue
terjeszt   spread
választ   choose